모든 공부의 시작은 독해력입니다!

독해 기술로
기본을
다지고

다양한 지문에
적용하면
독해력
자신감이 쑥!

자신감

자신감

전 과목 학습 능력 향상

초등학교 국어/사회/도덕/과학/실과/예체능
교과서를 분석하여 뽑아낸 주제로
지문을 구성하여 전 과목 학습 능력도
자연스럽게 향상됩니다.

6개 독해 기술 제시

꼭 알아야 할 6개의 독해 기술을
익히고 반복하다 보면 모든 지문을
빠르게 읽고 쉽게 이해하는 독해력이
자연스럽게 길러집니다.

독해력 자신감이 꼭 필요한 이유

다양한 주제와 폭넓은 배경지식

문학(시, 이야기)과
비문학(인문, 사회, 과학, 기술, 예술) 영역에서
다양한 주제를 선정하여 폭넓은 배경지식을
쌓는 데 도움이 됩니다.

'듣는 지문' 서비스 제공

아나운서의 정확한 발음과
성우의 다채로운 표현으로
독해력을 향상시켜 주는 지문듣기 서비스를
제공합니다.

◇ 독해 일지 ◇

독해 기술	독해 적용			

1주차

1회 월 일	2회 월 일	3회 월 일	4회 월 일	5회 월 일
맞은 개수 개	맞은 개수 개	맞은 개수 개	맞은 개수 개	맞은 개수 개
스티커	스티커	스티커	스티커	스티커

2주차

6회 월 일	7회 월 일	8회 월 일	9회 월 일	10회 월 일
맞은 개수 개	맞은 개수 개	맞은 개수 개	맞은 개수 개	맞은 개수 개
스티커	스티커	스티커	스티커	스티커

3주차

11회 월 일	12회 월 일	13회 월 일	14회 월 일	15회 월 일
맞은 개수 개	맞은 개수 개	맞은 개수 개	맞은 개수 개	맞은 개수 개
스티커	스티커	스티커	스티커	스티커

4주차

16회 월 일	17회 월 일	18회 월 일	19회 월 일	20회 월 일
맞은 개수 개	맞은 개수 개	맞은 개수 개	맞은 개수 개	맞은 개수 개
스티커	스티커	스티커	스티커	스티커

5주차

21회 월 일	22회 월 일	23회 월 일	24회 월 일	25회 월 일
맞은 개수 개	맞은 개수 개	맞은 개수 개	맞은 개수 개	맞은 개수 개
스티커	스티커	스티커	스티커	스티커

6주차

26회 월 일	27회 월 일	28회 월 일	29회 월 일	30회 월 일
맞은 개수 개	맞은 개수 개	맞은 개수 개	맞은 개수 개	맞은 개수 개
스티커	스티커	스티커	스티커	스티커

독해력 자신감

초등 국어

1단계

학습 능력을 키우는 친절한 독해 훈련서
독해 기술 + 독해 적용

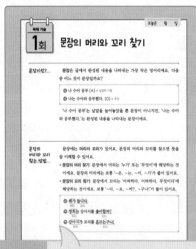

3 독해가 쉬워지는 낱말

· 지문을 읽기 전에 핵심 낱말을 먼저 공부하면 내용을 좀 더 쉽게 이해할 수 있어요.

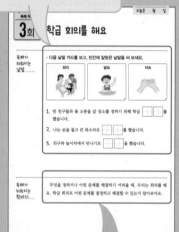

1 독해 기술

· 교과 과정을 분석하여 뽑아낸 독해 기술을 익히며 기본을 다져요.

· 독해 원리를 예로 들어 가며 알기 쉽게 설명했어요.

4 독해가 쉬워지는 한마디

· 지문과 관련된 배경지식을 통해 글을 읽을 때 주의할 점을 알아보아요.

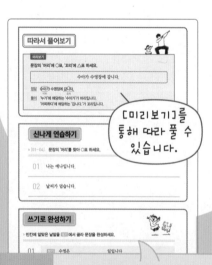

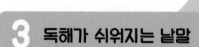

2 독해 기술 연습하기

〈따라서 풀어보기, 신나게 연습하기, 쓰기로 완성하기〉

· 독해 기술이 어떻게 적용되는지 '미리보기'를 통해 확인해 보세요.

· 독해 기술을 익히며 연습 문제를 풀어 보세요.

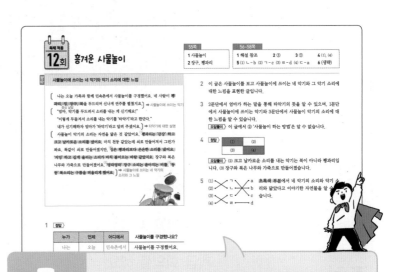

아나운서의 정확한 발음으로 지문을 들어볼 수 있습니다.

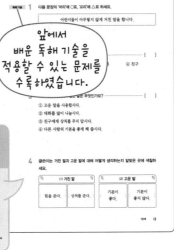

앞에서 배운 독해 기술을 적용할 수 있는 문제를 수록하였습니다.

✦ 독해력 자신감 ✦
차례

1 주차

독해 기술

1회

문장의 머리와 꼬리 찾기

문장이란?

　　문장은 글에서 완성된 내용을 나타내는 가장 작은 덩어리예요. 다음 중 어느 것이 문장일까요?

> 예 나 수아 공부 (X) → 낱말의 나열
>
> 예 나는 수아와 공부했다. (O) → 문장

　　'나 수아 공부'는 낱말을 늘어놓았을 뿐 문장이 아니지만, '나는 수아와 공부했다.'는 완성된 내용을 나타내는 문장이에요.

문장의 머리와 꼬리 찾는 방법

　　문장에는 **머리**와 **꼬리**가 있어요. 문장의 머리와 꼬리를 찾으면 뜻을 잘 이해할 수 있어요.

• **문장의 머리 찾기**: 문장에서 머리는 '누가' 또는 '무엇이'에 해당하는 것이에요. 문장의 머리에는 보통 '~은, ~는, ~이, ~가'가 붙어 있어요.

• **문장의 꼬리 찾기**: 문장에서 꼬리는 '어찌하다, 어떠하다, 무엇이다'에 해당하는 것이에요. 보통 '~다, ~요, ~까?, ~구나!'가 붙어 있어요.

> 예 해가 뜹니다.
> 　　머리　꼬리
>
> 예 영희는 강아지를 좋아할까?
> 　　머리　　　　　　꼬리
>
> 예 강아지가 꼬리를 흔드는구나!
> 　　머리　　　　　　꼬리

따라서 풀어보기

정답과 해설 2쪽

미리보기

문장의 '머리'에 ○표, '꼬리'에 △표 하세요.

> 수아가 수영장에 갑니다.

정답 수아가 수영장에 갑니다.
　　　머리　　　　　　꼬리

풀이 '누가'에 해당하는 '수아가'가 머리입니다.
　　　'어찌하다'에 해당하는 '갑니다.'가 꼬리입니다.

» [01~03] 문장의 '머리'를 찾아 ○표 하세요.

01　토끼가 당근을 먹습니다.

02　재환이는 기뻐서 웃어요.

03　학연이가 놀이터에 올까?

» [04~06] 문장의 '꼬리'를 찾아 △표 하세요.

04　승희가 3등을 했구나!

05　물고기는 어디에서 살까?

06　금붕어가 어항에서 헤엄칩니다.

신나게 연습하기

» [01~04] 문장의 '머리'를 찾아 ○표 하세요.

01   나는 예나입니다.

02   날씨가 덥습니다.

03   우리는 놀이터에 가요.

04   나와 오빠는 수영을 좋아해요.

» [05~08] 문장의 '꼬리'를 찾아 △표 하세요.

05   오빠는 물병에 물을 담아요.

06   오빠가 간식을 챙겼을까?

07   우리는 학교에 걸어가요.

08   사람들이 수영장에 많아요!

쓰기로 완성하기

» 빈칸에 알맞은 낱말을 보기 에서 골라 문장을 완성하세요.

01 보기 수영은   일입니다

_____ 물속에서 헤엄을 치는 _____.
　　머리　　　　　　　　　　　　　　　　　　　꼬리

02 보기 합니다   우리는

_____ 수영하기 전에 준비운동을 _____.
　　머리　　　　　　　　　　　　　　　　　　　꼬리

03 보기 수영장은   미끄럽습니다

_____ 물기가 많아서 _____.
　　머리　　　　　　　　　　　　　　꼬리

04 보기 마셨습니다   찬우와 나는

_____ 수영장에서 물을 _____.
　　머리　　　　　　　　　　　　　　　　꼬리

확인

독해 적용

2회

고운 말을 사용해요

독해가
쉬워지는
낱말

» 다음 낱말 카드를 보고, 빈칸에 알맞은 낱말을 써 보세요.

1. 말을 할 때에는 바르고 ☐☐☐을 사용합니다.

2. 공공장소에서는 작은 목소리로 ☐☐를 나눕니다.

3. 칭찬을 들으니 ☐☐이 좋습니다.

독해가
쉬워지는
한마디

　들었을 때 기분이 좋아지는 말이 있어요. 반대로 어떤 말을 들으면 기분이 나빠지기도 해요. 들었을 때 기분이 좋아지는 고운 말에 대해 알아보고, 고운 말을 사용하도록 해요.

» 다음 글을 읽고 질문에 답하세요.

많은 어린이가 아무렇지 않게 거친 말을 합니다. 친구를 따라서, 강해 보이기 위해서, 또는 재미를 위해서 말입니다. 하지만 이런 말은 듣는 사람에게 마음의 상처를 줍니다.

왜 고운 말을 사용해야 할까요? '싫어', '미워', '어쩌라고' 같은 거친 말을 들으면 기분이 나쁘지만, '고마워', '사랑해', '괜찮아'와 같은 고운 말을 들으면 기분이 좋습니다. 또 고운 말을 쓰면 친구와 사이좋게 지낼 수 있습니다. 고운 말은 대화를 부드럽게 이어 주며, 서로가 ◆존중받는 느낌을 주기 때문입니다.

이처럼 말에는 보이지 않는 힘이 있습니다. 그러므로 고운 말을 사용하도록 노력합시다.

◆ **존중** 높이고 귀중하게 대해 주는 것.

독해 기술 **1** 다음 문장의 '머리'에 ○표, '꼬리'에 △표 하세요.

> 어린이들이 아무렇지 않게 거친 말을 합니다.

2 이 글의 중심 낱말은 무엇인가요? .... [   ]

① 말　　　　　② 힘　　　　　③ 기분　　　　　④ 친구

3 글쓴이가 가장 하고 싶은 말은 무엇인가요? .... [   ]

① 고운 말을 사용합시다.

② 대화를 많이 나눕시다.

③ 친구에게 상처를 주지 맙시다.

④ 다른 사람의 기분을 좋게 해 줍시다.

4 글쓴이는 거친 말과 고운 말에 대해 어떻게 생각하는지 알맞은 곳에 색칠하세요.

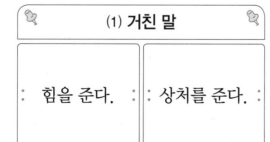

(1) 거친 말

힘을 준다.　　상처를 준다.

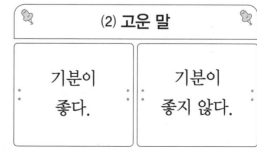

(2) 고운 말

기분이 좋다.　　기분이 좋지 않다.

5 '고운 말'과 '거친 말'에 대한 질문에 답하면서 길을 찾아가 보세요.

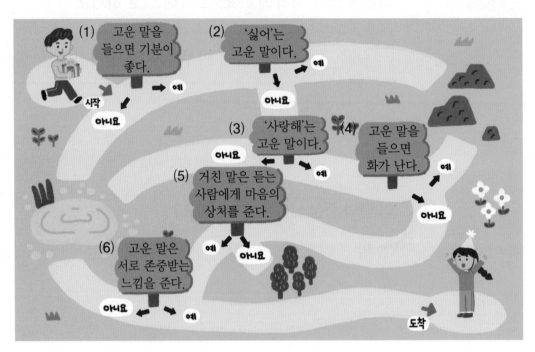

6 아래 빈칸의 낱말을 따라 쓰면서 이 글의 내용을 정리해 보세요.

> 거 친 말 은 듣는 사람에게 마음의 상처를 준다.
> 고 운 말 은 듣는 사람의 기 분 을 좋게 한
> 다. 또 고운 말을 사용하면 친구와 사 이 좋 게
> 지낼 수 있다. 그러므로 고 운 말 을 사용해야 한다.

확인

학급 회의를 해요

독해가
쉬워지는
낱말

» 다음 낱말 카드를 보고, 빈칸에 알맞은 낱말을 써 보세요.

회의	발표	약속

1. 반 친구들과 봄 소풍을 갈 장소를 정하기 위해 학급 ☐☐를 했습니다.

2. 나는 손을 들고 큰 목소리로 ☐☐를 했습니다.

3. 친구와 놀이터에서 만나기로 ☐☐을 했습니다.

독해가
쉬워지는
한마디

　무엇을 정하거나 어떤 문제를 해결하기 어려울 때, 우리는 회의를 해요. 학급 회의로 어떤 문제를 결정하고 해결할 수 있는지 알아보아요.

» **다음 글을 읽고 질문에 답하세요.**

20○○년 ○○월 ○○일 ○요일　　　날씨: 맑음

　　오늘 학교에서 학급 회의를 했다. 왜냐하면 점심시간에 운동장에서 술래 잡기를 하다가 친구들 사이에 일이 생겼기 때문이다. 가영이가 민주를 찾아 내며 이름 말고 별명인 '만두'로 부른 것이다. 너무 웃겨서 우리 반 모두 가 크게 웃자 민주의 얼굴이 ⑦◆일그러졌다. 즐겁던 분위기도 갑자기 어색 해졌다.

　　이 일로 ◆학급 회의를 열어 친구들과 놀 때의 예의에 대해 이야기했다. 가 영이는 '친구들끼리 놀 때는 재미를 위해서 예의를 갖추지 않아도 괜찮다.'고 발표했다.

　　'내가 민주였더라면 어땠을까?' 하고 생각해 보니, 싫어하는 별명을 들으 면 기분이 상할 것 같았다. 그래서 나는 '친구가 기분 나빠하면 즐겁게 놀 수 없으므로 친구 사이에도 ◆예의를 갖추어야 한다.'고 발표했다.

　　반 친구들도 내 말에 고개를 끄덕였다. 우리는 친구들과 놀 때에도 예의를 갖추기로 약속하고 학급 회의를 마쳤다.

◆ **일그러지다**　물건이나 얼굴이 비뚤어지거나 우글쭈글함.

◆ **학급 회의**　한 학급의 학생들이 모여 어떤 일을 결정하고 행동하기 위해 의논함.

◆ **예의**　공손한 말투나 바른 행동처럼 사람이 살면서 마땅히 지켜야 할 것.

독해 기술

1 다음 문장의 '머리'에 ○표, '꼬리'에 △표 하세요.

> 나는 술래잡기를 했다.

2 글쓴이의 반에서 무엇에 대한 학급 회의가 열렸는지 빈칸에 알맞은 말을 이 글에서 찾아 써 보세요.

> 친구들과 놀 때의 ☐☐

3 글쓴이가 한 일이 <u>아닌</u> 것은 무엇인가요? ──────── [　　]

① 친구들과 운동장에서 술래잡기를 했다.

② 민주에게 미안하다고 말했다.

③ 가영이의 장난을 듣고 웃었다.

④ 회의 시간에 발표를 했다.

4 밑줄 친 ㉠에서 민주의 기분은 어땠을까요? ──────── [　　]

① 재미있다.　　　　② 행복하다.

③ 미안하다.　　　　④ 속상하다.

5 학급 회의에서 약속한 내용을 가장 잘 이해하고 있는 친구의 이름을 써 보세요.

6 아래 빈칸의 낱말을 따라 쓰면서 이 글의 내용을 정리해 보세요.

학급 회 의 를 열어 친구들과 놀 때의 예 의 에 대해 이야기했다. 친구들과 놀 때도 예의를 갖추기로 약 속 하고 학급 회의를 마쳤다.

확인

4회 자동차의 멋진 변신

독해 적용

**독해가
쉬워지는
낱말**

» 다음 낱말 카드를 보고, 빈칸에 알맞은 낱말을 써 보세요.

자동차	석유	운전

1. 먼 곳을 갈 때, 우리는 ☐☐☐ 를 이용합니다.

2. ☐☐ 는 자동차 연료로 사용됩니다.

3. 자동차를 ☐☐ 할 때에는 안전이 가장 중요합니다.

**독해가
쉬워지는
한마디**

　먼 거리를 갈 때 자동차를 많이 타 봤을 거예요. 오늘날 자동차는 더욱 편리하고 신기하게 변하고 있대요. 자동차가 어떻게 변하고 있는지 알아보아요.

» 다음 글을 읽고 질문에 답하세요.

우리는 자동차를 이용해 빠르고 편하게 움직일 수 있습니다. 과학 기술이 발전하면서 자동차의 모습이 변하고 있습니다. 미래의 자동차는 어떤 모습일까요?

우리가 타는 보통의 자동차는 석유를 태워 에너지를 만듭니다. 석유가 탈 때는 ◆배기가스가 나와 환경을 오염시킵니다. 그런데 최근에는 전기를 에너지로 쓰는 자동차가 늘어나고 있습니다. 환경 오염이 심해지면서 전기 자동차가 미래의 자동차로 주목을 받고 있습니다.

또한, 지금까지는 사람이 자동차를 운전해야만 했습니다. 그러나 앞으로 사람이 운전하지 않아도 스스로 움직이는 자율주행 자동차가 늘어날 것입니다. 이 자동차는 사람이 명령을 내리면 스스로 움직여 목적지까지 데려다줍니다. 편리할 뿐만 아니라 운전 실수로 생기는 교통사고를 막을 수 있습니다.

이것은 먼 미래의 이야기가 아닙니다. 환경을 오염시키지 않고, 스스로 움직이며, 안전하기까지 한 자동차를 만나는 날이 성큼성큼 다가오고 있습니다.

◆ 배기가스 불필요하게 되어 배출되는 해로움이 있는 성분이 포함된 가스.

독해 기술 **1** 다음 문장의 '머리'에 ○표, '꼬리'에 △표 하세요.

> 미래의 자동차는 어떤 모습일까요?

2 이 글은 무엇에 대해 이야기하고 있나요? ───────── [　　]

① 미래의 자동차의 모습

② 자동차를 만드는 부품

③ 자동차가 움직이는 원리

④ 여러 가지 자동차의 종류

3 이 글의 내용으로 옳지 <u>않은</u> 것은 무엇인가요? ───── [　　]

① 과학 기술이 발전하면서 자동차의 모습이 변하고 있다.

② 석유 자동차는 환경 오염을 시킨다.

③ 전기 자동차는 아직 개발되지 않았다.

④ 자율주행 자동차로 교통사고를 줄일 수 있다.

4 이 글을 통해 알 수 있는 미래의 자동차의 모습이 <u>아닌</u> 것은 무엇인가요?

───────────────────────── [　　]

① 석유를 에너지로 움직이는 자동차

② 전기를 에너지로 움직이는 자동차

③ 환경 오염을 시키지 않는 자동차

④ 스스로 움직이는 자율주행 자동차

5 다음 자동차의 설명 중 옳은 것에 색칠해 보세요.

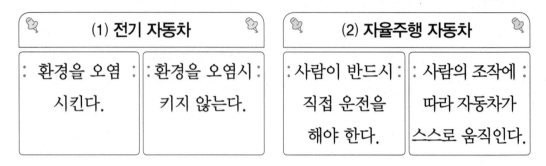

(1) 전기 자동차	
환경을 오염 시킨다.	환경을 오염시키지 않는다.

(2) 자율주행 자동차	
사람이 반드시 직접 운전을 해야 한다.	사람의 조작에 따라 자동차가 스스로 움직인다.

6 아래 빈칸의 낱말을 따라 쓰면서 이 글의 내용을 정리해 보세요.

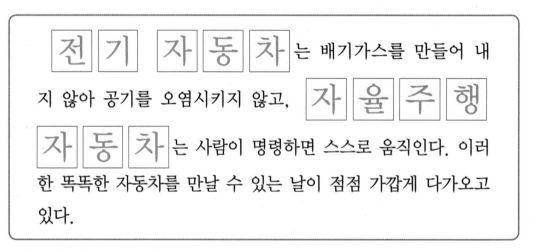

전기 자동차 는 배기가스를 만들어 내지 않아 공기를 오염시키지 않고, 자율주행 자동차 는 사람이 명령하면 스스로 움직인다. 이러한 똑똑한 자동차를 만날 수 있는 날이 점점 가깝게 다가오고 있다.

확인

독해 적용

5회

독수리 _ 최승호

독해가 쉬워지는 낱말

» 다음 낱말 카드를 보고, 빈칸에 알맞은 낱말을 써 보세요.

독수리	발톱	마법사

1. ☐☐☐ 는 새들의 왕이라고 불립니다. 이 새는 날카로운

   ☐☐ 으로 먹이를 움켜잡습니다.

2. ☐☐☐ 가 주문을 걸자 왕자가 개구리로 변했습니다.

독해가 쉬워지는 한마디

"리, 리, 리 지로 끝나는 말은 개나리, 보따리, 소쿠리, 항아리….."
이 노래를 들어 봤나요? 같은 글자로 끝나는 낱말을 노래처럼 부르는
것을 '말놀이'라고 해요. 말놀이를 재미있게 표현한 시를 읽어 보아요.

» 다음 시를 읽고 질문에 답하세요.

독해력을 올리는
지문 듣기

QR코드를 찍어서 지문을 들어 보세요.

독수리

최승호

수리 수리 독수리
눈 ◆부리부리한 독수리

수리 수리 독수리
발톱 무시무시한 독수리

독수리야 너 마법사 해라
◆주문을 알려 줄게

수리 수리 마수리
수리 수리 마수리

◆ **부리부리** 눈망울이 크고 힘찬 기운이 담겨 있는 모양.

◆ **주문** 마술을 부리거나 귀신을 쫓을 때 외는 말.

독해 기술 **1** 다음 문장의 '머리'에 ○표, '꼬리'에 △표 하세요.

> 너 마법사 해라.

2 이 시의 중심 낱말은 무엇인가요? ──────────── [　　]

① 눈　　　　　　　　　② 발톱

③ 독수리　　　　　　　④ 마법사

3 이 시에서 반복되는 말은 무엇인가요? ──────────── [　　]

① 눈　　　　　　　　　② 수리

③ 해라　　　　　　　　④ 줄게

4 이 시의 내용과 맞으면 '예', 틀리면 '아니요'에 색칠하세요.

(1) 독수리는 눈이 부리부리하다. ──────────── | 예 | 아니요 |

(2) 지은이는 독수리에게 요리사가 되라고 했다. ─────── | 예 | 아니요 |

(3) 지은이가 독수리에게 알려 준 주문은 '수리 수리
독수리'이다. ──────────── | 예 | 아니요 |

5 이 시와 같이 '리'자를 활용한 말놀이를 할 수 <u>없는</u> 동물은 무엇인가요?

·· [   ]

① ② ③ ④

6 아래 빈칸의 낱말을 따라 쓰면서 이 시의 내용을 정리해 보세요.

이 시는 독수리의 생김새 와 함께 말놀이를 보여
준다. 독수리 와 마수리 에서 같은 말
'수리'를 찾아 되풀이하며 말놀이의 재미를 더했다.

확인

독해력으로 명탐정 되기!

오늘은 신나는 내 생일이에요. 생일 파티를 열어 친구들과 즐겁게 놀아요.

퇴근하고 오신 아빠에게 제일 친한 친구 두 명을 소개했어요.

❓ 말풍선에 들어갈 친구 두 명의 이름을 써 보세요.

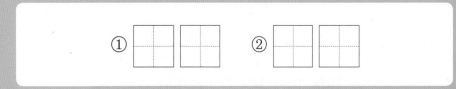

2 주차

독해 기술

6회 문장의 몸통 찾기

문장의 몸통이란?

1회에서 문장의 머리와 꼬리를 찾는 방법을 배웠어요. 문장에는 머리나 꼬리 이외에 문장의 의미를 이해하는 데 중요한 부분이 있어요. 바로 문장의 **몸통**이에요.

> 예 나는 <u>지호를</u> 좋아해요. → 내가 좋아하는 사람 = 지호
> 몸통
>
> 예 나는 <u>지호의 단짝 친구가</u> 되었어요. → 내가 된 것 = 지호의 단짝 친구
> 몸통

이처럼 문장의 몸통은 머리와 꼬리가 말하고자 하는 중요한 내용을 담고 있어요.

문장의 몸통 찾는 방법

문장의 몸통은 어떻게 찾을 수 있을까요? 먼저, 문장의 머리와 꼬리를 찾아야 해요. 그 다음 머리와 꼬리가 말하고자 하는 중요한 내용이 무엇인지 찾으면 돼요.

> 예 나는 해바라기를 그려요.
> ① **머리와 꼬리 찾기**: 나는 해바라기를 그려요
>   머리   꼬리
> ② **몸통 찾기**: 나는 해바라기를 그려요.
>   몸통

따라서 풀어보기

정답과 해설 7쪽

미리보기

문장의 '몸통'을 찾아 □표 하세요.

> 지호가 모래성을 만듭니다.

정답   지호가 [모래성을] 만듭니다.
         머리   몸통   꼬리

풀이   '누가'에 해당하는 '지호가' 머리이고, '어찌하다'에 해당하는 '만듭니다.'가 꼬리입니다. 머리와 꼬리 사이에서 중요한 내용을 담고 있는 '모래성을'이 몸통입니다.

» [01~04] 문장의 '몸통'을 찾아 □표 하세요.

01   지호는 구멍을 파요.

02   지호는 씨앗을 뿌려요.

03   지호는 흙을 덮어요.

04   지호는 물을 부어요.

» [05~06] 문장의 '머리'에 ○표, '몸통'에 □표, '꼬리'에 △표 하세요.

05   지호는 꽃밭을 보살펴요.

06   씨앗이 해바라기가 되었어요.

» [01~05] 문장의 '몸통'을 찾아 □표 하세요.

01 재환이는 할머니 댁에 갔어요.

02 우리는 떡을 만들어요.

03 아빠가 밤껍질을 까요.

04 재환이는 재료를 섞어요.

05 할머니가 떡 반죽을 만들어요.

» [06~08] 문장의 '머리'에 ○표, '몸통'에 □표, '꼬리'에 △표 하세요.

06 재환이와 할머니는 송편을 빚어요.

07 재환이와 형은 추석 음식을 먹어요.

08 재환이는 전통 놀이를 좋아해요.

쓰기로 완성하기

» 빈칸에 알맞은 낱말을 보기 에서 골라 문장을 완성하세요.

01   보기   도서관에   지수와 하나는

       _____ _____ 갑니다.
          머리   몸통

02   보기   우리는   도서관에서

       _____ _____ 만나요.
          머리   몸통

03   보기   도서관 1층 열람실을   이용해요

    어린이들은 _____ _____.
                    몸통   꼬리

04   보기   읽어요   옛날 이야기책을

    지수는 _____ _____.
             몸통   꼬리

확인

독해 적용

7회

사막에는 누가 살까요?

**독해가
쉬워지는
낱말**

» 다음 낱말 카드를 보고, 빈칸에 알맞은 낱말을 써 보세요.

오아시스	선인장	낙타

1. 사막에서 ⬜⬜⬜⬜를 발견한 것은 행운입니다.

2. ⬜⬜⬜은 가시가 많은 식물입니다.

3. ⬜⬜는 등이 볼록 튀어나온 동물입니다.

**독해가
쉬워지는
한마디**

　오아시스, 선인장, 낙타…. 이 낱말들을 늘으면 어디가 떠오르나요?
모래로 뒤덮인 메마른 땅, 사막이 떠오를 거예요. 사막은 어떤 곳이며,
누가 살까요?

» **다음 글을 읽고 질문에 답하세요.**

햇볕이 쨍쨍 내리쬐고 비가 거의 오지 않는 사막은 모래나 돌로 뒤덮인 메마른 땅입니다. 게다가 하루 동안 ◆기온이 심하게 오르락내리락합니다. 낮에는 한여름처럼 뜨겁고 밤에는 한겨울처럼 춥습니다. 때로는 모래바람이 거세게 붑니다.

이런 사막에서 살아가는 식물과 동물이 있습니다. 이들은 사막에서 살기에 알맞도록 점점 모습이 변해 왔습니다. 선인장은 물기가 빠져나가지 못하게 잎이 가시 모양으로 변했습니다. 낙타는 등이 볼록 튀어나오게 변했습니다. 그 속에 지방을 쌓아 두었다가 물과 먹이가 모자랄 때 씁니다. 또 낙타의 눈썹은 매우 길어 거센 모래바람으로부터 눈을 지켜 줍니다. 낙타는 사막에서 중요한 동물입니다. 사람들이 먼 길을 오갈 때 타고 다닐 수 있기 때문입니다.

사막에 사람도 살까요? 물론입니다. 사람들은 ◆오아시스 주변에 마을을 이루고 물과 먹을거리를 얻습니다.

◆ **기온** 공기의 온도.

◆ **오아시스** 사막 가운데에 샘이 솟아서 풀과 나무가 자라는 곳.

독해 기술 **1** 다음 문장의 '몸통'을 찾아 □표 하세요.

> 사람들은 낙타를 탑니다.

2 이 글이 설명하는 곳은 어디인가요? ——————————— [   ]

① 섬   ② 사막

③ 정글   ④ 모래사장

3 이 글을 <u>잘못</u> 이해한 친구의 이름을 써 보세요.

사막은 밤이 되면 겨울처럼 추워. — 우주

사막의 대표적인 식물로 선인장이 있어. — 은하

오아시스 주변에는 사람이 살 수 없어. — 지호

4 다음 중 사막에서 살지 <u>않는</u> 것은 누구인가요? ——————— [   ]

① 낙타   ② 사람   ③ 선인장   ④ 돌고래

5 다섯 고개 놀이의 답을 써 보세요.

〈다섯 고개 놀이〉

1. 식물인가요?   [아니요, 동물입니다.]

2. 사막에서 사나요?   [예, 사막에서 삽니다.]

3. 다리가 10개인가요?   [아니요, 4개입니다.]

4. 사람이 탈 수 있나요?   [예, 탈 수 있습니다.]

5. 등이 볼록 튀어나왔나요?   [예, 그렇습니다.]

6 아래 빈칸의 낱말을 따라 쓰면서 이 글의 내용을 정리해 보세요.

사막은 모래나 돌로 뒤덮인 메마른 땅이다. 그러나 이런 사막에도 여러 식물과 동물이 살고 있다. 사막에 사는 사람들은 오아시스 주변에 모여 살면서 낙타를 타고 다닌다.

확인

독해 적용

8회

친구와 사이좋게 지내요

독해가 쉬워지는 낱말

» 다음 낱말 카드를 보고, 빈칸에 알맞은 낱말을 써 보세요.

학교

인사

친구

1. 유치원을 졸업하고 초등 ☐☐ 에 입학했습니다.

2. "안녕?" 친구와 ☐☐ 를 합니다.

3. 나는 놀이터에서 새로운 ☐☐ 를 사귀었습니다.

독해가 쉬워지는 한마디

　　친구와 다투어서 속상했던 적이 있나요? 사실 속마음은 사이좋게 지내고 싶은데 말이에요. 어떻게 하면 친구와 사이좋게 지낼 수 있을까요?

» 다음 글을 읽고 질문에 답하세요.

우리는 학교에서 친구들과 함께 지냅니다. 공부하고, 놀고, 밥도 같이 먹습니다. 그런데 내 이야기만 하고 제멋대로 행동하면 친구들이 싫어할지도 모릅니다. 친구와 사이좋게 지내려면 어떻게 해야 할까요?

첫째, 친구의 이야기를 잘 들어줘야 합니다. 친구가 하고 싶은 놀이, 친구가 좋아하는 음식 등 친구의 이야기를 귀 기울여 듣습니다. 친구의 이야기를 듣지 않고 내 이야기만 하면 다툼이 생기기 쉽습니다.

둘째, 친구가 어려움에 놓이면 도와줍니다. 이럴 때는 친구와 *입장을 바꾸어 생각해 보면 도와줄 방법을 찾을 수 있습니다. 예를 들어, 다친 친구를 보건실까지 데려다주거나, 친구에게 준비물을 빌려줄 수 있습니다.

셋째, 친구에게 상냥하게 대합니다. 짜증을 내거나 *심술을 부리면 서로 기분이 나빠집니다. 아침에 학교에 오면 "안녕?"하고 먼저 웃으며 인사해 봅니다. 친구에게 무언가를 가르쳐 줄 때는 잘난 척하지 말고 친절하게 알려줍니다.

이렇게 하면, 친구들과 사이가 점점 좋아질 것입니다. 그리고 학교생활도 즐겁게 할 수 있습니다.

◆ **입장** 지금 처해 있는 상황.

◆ **심술** 말도 안 되게 고집을 피우거나 남이 잘못되는 것을 좋아하는 마음.

독해 기술

1 다음 문장의 '몸통'을 찾아 □표 하세요.

> 나는 친구의 이야기를 들어줍니다.

2 이 글은 무엇에 대한 글인가요? .... [   ]

① 말을 잘 하는 방법

② 새로운 친구를 사귀는 방법

③ 친구와 사이좋게 지내는 방법

④ 어려운 이웃을 도와주는 방법

3 이 글에 나타나 있는 '친구와 사이좋게 지내는 방법'으로 맞으면 '예', 틀리면 '아니요'에 색칠하세요.

(1) 친구에게 내 이야기만 한다. .... | 예 | 아니요 |

(2) 어려움에 놓인 친구를 도와준다. .... | 예 | 아니요 |

(3) 친구에게 상냥하게 대한다. .... | 예 | 아니요 |

4 이 글을 읽고 난 후 친구들의 행동이에요. 행동이 바르지 <u>않은</u> 친구의 이름을 써 보세요.

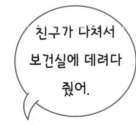
친구가 다쳐서 보건실에 데려다 줬어.

 민준

친구가 모르는 문제를 잘난 척을 하며 알려 줬어.

 아린

친구에게 웃으면서 인사했어.

 수현

5 다음 상황에서 '나'의 행동으로 가장 적절한 것은 무엇인가요?

> 오늘 우리 반에 지온이가 전학을 왔어요. 나는 지온이와 사이좋게 지내고 싶은데 어떻게 행동하면 좋을까요?

① 내가 좋아하는 음식을 많이 알려 준다.

② 심술을 부려서라도 나만의 친구로 만든다.

③ 내가 먼저 "안녕?"하고 상냥하게 인사한다.

④ 다쳤을 때 보건실을 스스로 찾아가게 한다.

6 아래 빈칸의 낱말을 따라 쓰면서 이 글의 내용을 정리해 보세요.

> 친구 와 사이좋게 지내려면, 첫째, 친구의 이야기 를 잘 들어준다. 둘째, 친구가 어려움에 놓이면 도와준다. 셋째, 친구에게 상냥하게 대한다.

확인

독해 적용

9회

겨울이 만든 아름다운 보석

독해가 쉬워지는 낱말

» 다음 낱말 카드를 보고, 빈칸에 알맞은 낱말을 써 보세요.

눈송이	구름	육각형

1. 하늘에서 ☐☐☐ 가 날리기 시작했습니다.

2. 하얀 ☐☐ 이 맑은 하늘에 높이 떠 있습니다.

3. 꿀벌이 사는 벌집은 ☐☐☐ 모양입니다.

독해가 쉬워지는 한마디

하늘에서 펑펑 내리는 눈을 자세히 들여다본 적이 있나요? 눈은 보석 같이 예쁜 얼음 알갱이로 이루어져 있어요. 이것이 눈 결정이에요.
눈 결정은 어떻게 만들어지는지, 어떻게 생겼는지 알아보아요.

» **다음 글을 읽고 질문에 답하세요.**

QR코드를 찍어서 지문을 들어 보세요.

추운 겨울에는 하늘에서 눈이 내립니다. 눈은 어떻게 만들어질까요?

구름 속의 ✦수증기는 차가운 공기를 만나면 얼어붙습니다. 이런 얼음 알갱이들이 모여 눈송이를 이룹니다. 눈송이가 커져서 무거워지면 땅으로 떨어집니다. 이것을 '눈이 내린다.'라고 합니다.

눈송이를 ✦현미경으로 들여다보면 투명하고 다양한 모양의 얼음 알갱이를 볼 수 있습니다. 이것을 '눈 결정'이라고 합니다. 눈 결정의 모양은 단순한 육각형에서부터 별 모양, 나뭇가지 모양, 꽃 모양까지 매우 다양하고 아름답습니다. 사람들은 이렇게 아름다운 눈 결정을 가리켜 ㉠'겨울이 만든 보석'이라고 부릅니다.

눈 결정의 모양이 다양한 까닭은 무엇일까요? 바로 구름 주변의 온도와 ✦습도가 달라서입니다. 온도가 낮고 습도가 높을수록, 결정이 빠르게 자라며 복잡한 모양을 띱니다.

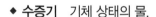

✦ **수증기** 기체 상태의 물.

✦ **현미경** 눈으로는 볼 수 없을 만큼 작은 물체나 물질을 크게 보이게 하는 기구.

✦ **습도** 공기 속에 수증기가 들어 있는 정도.

독해 기술 **1** 다음 문장의 '몸통'을 찾아 ☐표 하세요.

> 눈이 하늘에서 내립니다.

2 밑줄 친 ㉠이 가리키는 것은 무엇인가요? ················· [   ]

① 눈사람   ② 함박눈

③ 현미경   ④ 눈 결정

3 빈칸에 들어갈 알맞은 말을 이 글에서 찾아 써 보세요.

> 구름 속의 수증기는 ☐☐☐ 공기를 만나면 얼어붙습니다.

4 이 글의 내용과 맞으면 '예', 틀리면 '아니요'에 색칠하세요.

(1) 눈 결정은 현미경으로 볼 수 없다. ———————— | 예 | 아니요 |

(2) 눈 결정은 사각형이 가장 많다. ———————— | 예 | 아니요 |

(3) 눈 결정의 모양은 온도와 습도에 따라 달라진다. — | 예 | 아니요 |

5 다음 눈 결정과 닮은 모양을 찾아 선으로 연결해 보세요.

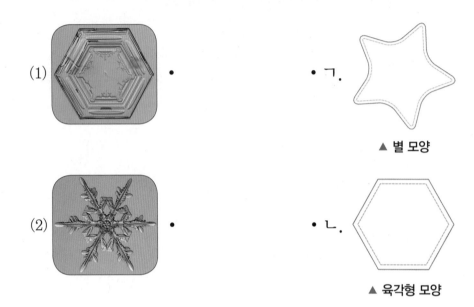

(1) •

• ㄱ.

▲ 별 모양

(2) •

• ㄴ.

▲ 육각형 모양

6 아래 빈칸의 낱말을 따라 쓰면서 이 글의 내용을 정리해 보세요.

구름 속의 수 증 기 가 얼어붙으면 눈송이가 만들어진다. 눈송이를 이루고 있는 눈 결 정 의 크기와 모양은 매우 다양한데, 그 까닭은 구름 주변의 온 도 와 습 도 가 달라서이다.

확인

독해 적용

10회

활짝 웃어 볼까요?

**독해가
쉬워지는
낱말**

» 다음 낱말 카드를 보고, 빈칸에 알맞은 낱말을 써 보세요.

웃음	운동	스트레스

1. "하하호호!" 우리 집은 ☐☐ 이 가득합니다.

2. 매일 꾸준히 ☐☐ 을 하면 건강해집니다.

3. 잠을 잘 못 자면 ☐☐☐☐ 가 쌓입니다.

**독해가
쉬워지는
한마디**

"하하, 호호, 히히, 낄낄, 깔깔, 키득키득⋯." 웃음소리를 들으면 기분이 좋아지지 않나요? 많이 웃으면 좋다고 해요. 왜 그런지 알아보아요.

» 다음 글을 읽고 질문에 답하세요.

오늘 하루는 얼마나 웃으며 보냈나요? 흔히 '많이 웃으면 좋다.'고 합니다. 왜 그런 것일까요?

첫째, 웃으면 몸이 튼튼해집니다. 우리는 웃을 때 얼굴을 활짝 펴서 "하하하!" 소리를 내거나, 몸을 들썩이며 "짝짝짝!" 손뼉을 치기도 합니다. 이때 몸의 수많은 ♦근육이 움직이며 에너지를 씁니다. 또 몸 구석구석까지 ♦산소가 전해집니다. 마치 운동할 때처럼 말입니다.

둘째, 웃으면 스트레스를 줄일 수 있습니다. 한바탕 웃고 나서 불안한 마음이 사라진 적이 있을 것입니다. 웃을 때 몸에서 기분을 좋게 만드는 물질이 나와 마음을 편안하게 해 주기 때문입니다.

셋째, 웃으면 나뿐 아니라 옆 사람의 기분까지 좋아집니다. 누가 웃으면 따라서 웃게 되기 때문입니다. 또 이렇게 함께 웃고 나면 사이가 가까워진 듯한 느낌도 듭니다.

이처럼 우리 생활에 웃음이 꼭 필요합니다. "웃으면 복이 온다."라는 말이 있듯이, 많이 웃을수록 더욱 행복해질 것입니다. 오늘 하루도 많이 웃도록 합시다.

♦ 근육 힘줄과 살.

♦ 산소 공기에 있는 것으로서 사람이 숨 쉴 때 꼭 필요함.

독해 기술

1 다음 문장의 '몸통'을 찾아 □표 하세요.

> 우리는 소리 내어 웃습니다.

2 이 글의 중심 낱말은 무엇인가요? .... [   ]

① 건강   ② 기분

③ 웃음   ④ 스트레스

3 이 글에서 글쓴이가 하고 싶은 말은 무엇인가요? .... [   ]

① 운동을 해야 한다.

② 웃으면서 지내야 한다.

③ 스트레스를 이겨 내야 한다.

④ 친구와 사이좋게 지내야 한다.

4 이 글의 내용과 맞으면 '예', 틀리면 '아니요'에 색칠하세요.

	예	아니요
(1) 웃으면 근육이 움직이며 에너지를 쓴다.	예	아니요
(2) 웃으면 스트레스가 쌓인다.	예	아니요
(3) 누가 웃으면 따라서 웃게 된다.	예	아니요

5 밑줄 친 부분에 들어갈 문장으로 옳지 <u>않은</u> 것은 무엇인가요? ·········· [   ]

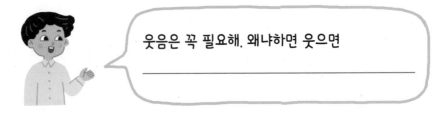

웃음은 꼭 필요해. 왜냐하면 웃으면

_____

① 몸이 건강해지기 때문이야.

② 마음이 건강해지기 때문이야.

③ 시험 성적이 오르기 때문이야.

④ 다른 사람의 기분도 좋아지기 때문이야.

6 아래 빈칸의 낱말을 따라 쓰면서 이 글을 정리해 보세요.

> [웃] [음] 은 우리에게 꼭 필요해요. 첫째, 웃음은 우리들의 몸을 튼튼하게 해요. 둘째, 웃음은 [스] [트] [레] [스] 를 줄여 줘요. 셋째, 웃음은 나뿐 아니라 옆 사람의 [기] [분] 까지 좋게 해요. 오늘 하루도 많이 웃으면서 지내도록 해요.

확인

독해력으로 명탐정 되기!

마녀들이 모여 점심 식사를 만들고 있어요.

마술 냄비에 재료들을 넣고 있네요!

"수리수리~ 마하수리!"

짠! 요리가 완성됐어요.

고깔 마녀는 떡을 넣어요.

뱅글 마녀는 고추장을 부어요.

뽀글 마녀는 어묵을 넣어요.

❓ 오늘 마녀들의 점심 식사는 무엇일까요?

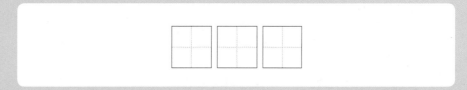

3주차

독해 기술 11회

글의 중요한 내용 알기 ①

_ 누가, 언제, 어디에서

글 속의 중요한 내용을 찾는 방법

여러 문장이 모여 하나의 글이 되지요. 그 속에는 글쓴이가 말하고자 하는 내용이 담겨 있어요. 그 내용 중에서도 중요한 내용을 알기 위해서는 다음과 같은 6가지 질문을 해 보면 됩니다.

> 6가지 질문: 누가, 언제, 어디에서, 무엇을, 어떻게, 왜

'누가, 언제, 어디에서' 찾는 방법

글에서 '**누가, 언제, 어디에서**'를 찾는 방법은 무엇일까요?

먼저, '누가, 언제, 어디에서'를 묻는 질문을 만들어요. 다음으로, 그 질문에 대한 답을 글 속에서 찾아요.

'누가, 언제, 어디에서'를 찾은 뒤 글을 읽으면 중요한 내용을 쉽게 알 수 있어요.

> **예** 민지는 오늘 오후 4시에 학교 숙제를 끝내고 할머니 집에서 만두를 빚기로 했습니다.
>
> **① 질문 만들기**
> - '**누가**' 만두를 빚기로 했나요? ········
> - '**언제**' 만두를 빚기로 했나요? ········
> - '**어디에서**' 만두를 빚기로 했나요? ·····
>
> **② 질문에 대한 답 찾기**
> - 민지는
> - 오늘 오후 4시에
> - 할머니 집에서

따라서 풀어보기

미리보기

문장에서 '누가'에 ○표, '언제'에 △표, '어디에서'에 □표 하세요.

> 민지는 어제 할아버지 댁에서 삼겹살을 먹었습니다.

<u>정답</u> ⬭민지는⬭ △어제△ ▢할아버지 댁에서▢ 삼겹살을 먹었습니다.
　　　　누가　　언제　　　어디에서

<u>풀이</u> '누가' 먹었는지, '언제' 먹었는지, '어디에서' 먹었는지 질문을 합니다. 각 질문에 대한 답을 찾아보면 '누가'는 '민지는', '언제'는 '어제', '어디에서'는 '할아버지 댁에서'입니다.

» **[01~02] 문장에서 '누가'에 ○표 하세요.**

정답과 해설 12쪽

01　민지는 그림을 그려요.

02　동생은 유치원에 갑니다.

» **[03~04] 문장에서 '언제'에 △표 하세요.**

03　오빠는 매일 저녁에 달리기를 해요.

04　나는 오후 5시에 피아노 학원에 가요.

» **[05~06] 문장에서 '어디에서'에 □표 하세요.**

05　나는 친구들과 놀이터에서 놀아요.

06　언니는 공원에서 자전거를 타요.

신나게 연습하기

» [01~03] 문장에서 '누가'에 ○표 하세요.

01 혁이는 8살이에요.

02 승희는 3월 2일에 초등학교에 입학해요.

03 지아는 추석에 송편을 빚었어요.

» [04~06] 문장에서 '언제'에 △표 하세요.

04 나리는 오늘 소풍을 가요.

05 미호는 오전 9시에 운동장에서 버스를 타요.

06 종수는 점심시간에 친구들과 도시락을 먹어요.

» [07~09] 문장에서 '어디에서'에 □표 하세요.

07 지수는 주말에 바다에서 낚시를 했어요.

08 미애는 3교시에 컴퓨터실에서 공부를 해요.

09 영미는 어제 바닷가에서 조개껍데기를 주웠어요.

쓰기로 완성하기

» 보기 에서 '누가', '언제', '어디에서'를 찾아 빈칸에 써 보세요.

01   보기   지수는 매일 저녁 공원에서 달리기를 해요.

누가	언제	어디에서	달리기를 하나요?
	매일 저녁	공원에서	달리기를 해요.

02   보기   혁이는 오전 10시에 수영장에서 수영을 배워요.

누가	언제	어디에서	수영을 배우나요?
혁이는		수영장에서	수영을 배워요.

03   보기   나리는 토요일 오후에 운동장에서 자전거를 타요.

누가	언제	어디에서	자전거를 타나요?
나리는	토요일 오후에		자전거를 타요.

확인

독해 적용 12회

흥겨운 사물놀이

독해가
쉬워지는
낱말

» 다음 낱말 카드를 보고, 빈칸에 알맞은 낱말을 써 보세요.

사물놀이

▲ 장구   ▲ 꽹과리   ▲ 북   ▲ 징

1. 관객들은 흥겨운 ☐☐☐☐ 소리에 맞추어 어깨를 들썩입니다.

2. 사물놀이는 ☐☐, ☐☐☐, 북, 징의 네 가지 악기를 가지고 어우러져 치는 놀이입니다.

독해가
쉬워지는
한마디

어깨가 들썩들썩하게 하는 신나는 사물놀이! 사물놀이에 쓰이는 악기와 그 소리를 알아보아요.

독해 완성하기

» 다음 글을 읽고 질문에 답하세요.

나는 오늘 가족과 함께 민속촌에서 사물놀이를 구경했어요. 네 사람이 꽹과리, 징, 장구, 북을 두드리며 신나게 연주를 펼쳤지요.

"엄마, 악기를 두드려서 소리를 내는 게 신기해요!"

"이렇게 두들겨서 소리를 내는 악기를 '타악기'라고 한단다."

내가 신기해하자 엄마가 '타악기'라고 알려 주셨어요.

사물놀이 악기의 소리는 자연을 닮은 것 같았어요. 꽹과리는 '강강' 하고 크고 날카로운 소리를 냈어요. 마치 천둥 같았는데 쇠로 만들어져서 그런가 봐요. 똑같이 쇠로 만들어졌지만, 징은 꽹과리보다 은은한 소리를 냈어요. '지잉' 하고 길게 울리는 소리가 마치 불어오는 바람 같았지요. 장구와 북은 나무와 가죽으로 만들어졌어요. '덩따덩따' 장구 소리는 쏟아지는 비를, '둥둥' 북소리는 구름을 떠올리게 했어요.

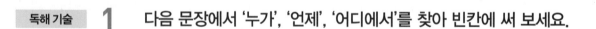

독해 기술 **1** 다음 문장에서 '누가', '언제', '어디에서'를 찾아 빈칸에 써 보세요.

> 나는 오늘 민속촌에서 사물놀이를 구경했어요.

누가	언제	어디에서	사물놀이를 구경했나요?
			사물놀이를 구경했어요.

2 이 글은 무엇에 대한 글인가요? [   ]

① 타악기의 연주 방법

② 자연의 소리를 구분하는 법

③ 사물놀이에 쓰이는 네 악기

④ 민속촌에서 열리는 각종 음악 행사

3 이 글을 읽고 알 수 <u>없는</u> 것은 무엇인가요? [   ]

① 타악기의 뜻

② 사물놀이 하는 방법

③ 사물놀이에 쓰이는 악기

④ 사물놀이 악기의 소리에 대한 느낌

4 이 글의 내용과 맞는 것을 골라 색칠하세요.

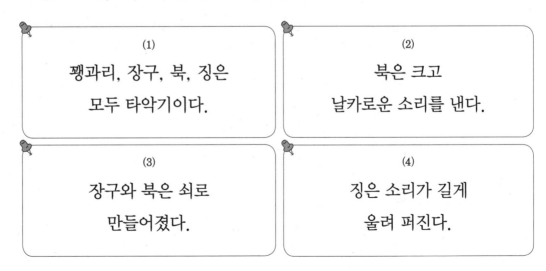

(1)
꽹과리, 장구, 북, 징은
모두 타악기이다.

(2)
북은 크고
날카로운 소리를 낸다.

(3)
장구와 북은 쇠로
만들어졌다.

(4)
징은 소리가 길게
울려 퍼진다.

5 이 글에서 각 악기의 소리와 닮았다고 이야기한 자연물을 선으로 연결해 보세요.

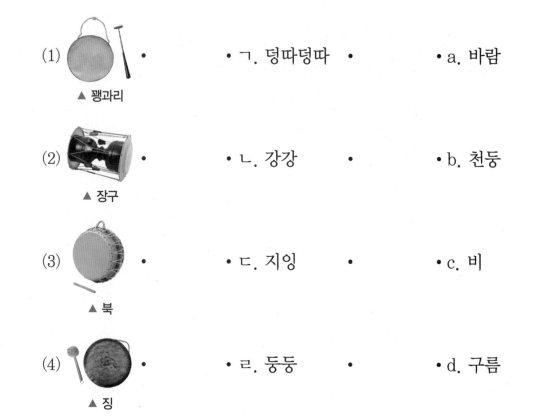

(1) ▲ 꽹과리 •   • ㄱ. 덩따덩따 •   • a. 바람

(2) ▲ 장구 •   • ㄴ. 강강 •   • b. 천둥

(3) ▲ 북 •   • ㄷ. 지잉 •   • c. 비

(4) ▲ 징 •   • ㄹ. 둥둥 •   • d. 구름

6 아래 빈칸의 낱말을 따라 쓰면서 이 글의 내용을 정리해 보세요.

> 사물놀이 는 꽹과리, 장구, 북, 징의 네 가지 타악기 로 연주하는 음악 이다. 네 악기의 소리는 천둥, 비, 구름, 바람과 같은 자연물 을 닮았다.

확인

독해 적용

13회

달빛 아래 강강술래

**독해가
쉬워지는
낱말**

» 다음 낱말 카드를 보고, 빈칸에 알맞은 낱말을 써 보세요.

보름달	강강술래	한복

1. 밤하늘에 쟁반같이 둥근 　　　　　　　　이 떴습니다.

2. 　　　　　　　　는 둥글게 손을 잡고 하는 민속놀이입니다.

3. 추석이나 설날에는 　　　을 입습니다.

**독해가
쉬워지는
한마디**

　　강강술래는 추석에 즐기는 민속놀이예요. 다 함께 손을 잡고 빙빙 돌면서 춤을 추고 노래를 부르지요. 친구들과 같이 강강술래를 해 보아요.

» 다음 글을 읽고 질문에 답하세요.

뉴스 진행자 예로부터 전해 내려오는 민속놀이 중에 강강술래가 있습니다. 추석을 맞이해 강강술래가 벌어진다는데요, 현장에 나가 있는 김진하 기자가 소식을 전하겠습니다.

⑦ **기자** 네, 오늘은 보름달이 뜬 추석입니다. 마을의 넓은 마당에 사람들이 한복을 입고 모였습니다. 환한 달빛 아래 다 같이 손을 잡고 둥글게 서 있습니다.

뉴스 진행자 아, 곧 시작하겠군요. 한 사람이 먼저 노래를 시작하면 나머지 사람들이 '강강술래 강강술래'하고 노래를 받아 부르겠지요?

기자 그렇습니다. 마침 강강술래가 시작되었습니다. 잠시 노랫소리를 들어 보시죠.

> 달 떠온다 달 떠온다 우리 마을에 달 떠온다
> 강강술래 강강술래
> 하늘에는 별이 총총 ◆대밭에는 대가 총총
> 강강술래 강강술래

기자 이렇게 사람들이 빙글빙글 돌면서 노래를 부르며 춤을 춥니다. 강강술래를 하는 사람들의 표정이 더욱 즐거워 보입니다.

◆ 대밭 대나무를 많이 심은 밭.

독해 기술 **1** 다음 문장에서 '누가', '언제', '어디에서'를 찾아 빈칸에 써 보세요.

> 강강술래는 사람들이 추석날 밤에 마당에서 하는 민속놀이입니다.

강강술래는	누가	언제	어디에서	하는 민속놀이인가요?
강강술래는				하는 민속놀이입니다.

2 이 글의 중심 낱말은 무엇인가요? ⸻⸻⸻⸻⸻ [ ]

① 달밤   ② 추석   ③ 강강술래   ④ 민속놀이

3 ㉮를 읽고 다음 내용이 맞으면 '예', 틀리면 '아니요'에 색칠하세요.

(1) 강강술래는 최근에 생긴 놀이이다. ⸻⸻ | 예 | 아니요 |

(2) 강강술래는 여러 사람이 함께하는 놀이이다. ⸻ | 예 | 아니요 |

(3) 강강술래는 낮에 하는 놀이이다. ⸻⸻⸻ | 예 | 아니요 |

4 이 글을 읽고 떠오르는 장면은 무엇인가요?

5 다음 강강술래 노래에서 다 같이 부르는 부분을 찾아 모두 ○표 하세요.

> 달 떠온다 달 떠온다 우리 마을에 달 떠온다
>
> 강강술래 강강술래
>
> 하늘에는 별이 총총 대밭에는 대가 총총
>
> 강강술래 강강술래

6 아래 빈칸의 낱말을 따라 쓰면서 이 글의 내용을 정리해 보세요.

> 강강술래 는 우리나라의 대표적인 민속 놀이
>
> 놀이다. 강강술래는 추석 날 밤, 넓은 마당에 마을
>
> 사람 들이 모여 손을 잡고 둥글게 돌면서
>
> 노래를 부르고 춤을 추는 놀이이다.

확인

독해 적용

14회

여름 날씨는 변덕쟁이

독해가
쉬워지는
낱말

» 다음 낱말 카드를 보고, 빈칸에 알맞은 낱말을 써 보세요.

여름	바다	소나기

1. ☐☐ 은 무더운 계절입니다.

2. 넓고 푸른 ☐☐ 를 보러 갔습니다.

3. 갑자기 하늘에 구름이 끼고 ☐☐☐ 가 내렸습니다.

독해가
쉬워지는
한마디

　　무더운 여름날에는 세차게 쏟아지다가 곧 그치는 소나기를 자주 만나요. 갑자기 소나기를 만난 친구의 일기를 읽어 보아요.

» 다음 글을 읽고 질문에 답하세요.

20○○년 8월 2일 월요일   날씨: 맑았다가 비가 오더니 다시 맑아졌어요!

아침부터 햇빛이 쨍쨍해 온몸에서 땀이 줄줄 흘렀어요. 선풍기 앞에 있어도 소용없었지요.

"여름은 너무 더워서 싫어요!"

"이럴 땐 바다에 가서 더위를 식혀야지!"

내가 투덜거리자 엄마가 바다에 가자고 했어요. 우리 가족은 서둘러 바다로 떠났지요.

드디어 바다에 도착했어요. 나는 수영복으로 갈아입고 준비운동까지 마쳤어요. 그러고는 신나게 바닷물로 뛰어들었지요. 바닷물은 정말 시원했어요.

그런데 갑자기 먹구름이 끼더니 비가 내리지 않겠어요? 얼마나 세차게 쏟아지는지 물 밖으로 나와야만 했어요.

"소나기라 금방 지나갈 것 같구나."

내가 잔뜩 풀이 죽자 아빠가 달래 주었어요.

다행히 비가 금방 그쳤어요. 다시 해가 나타나니까 금세 기분이 좋아졌어요. 여름 날씨는 오늘 내 기분처럼 이랬다저랬다 하는 변덕쟁이 같아요.

독해 기술 **1** 다음 문장에서 '누가', '언제', '어디에'를 찾아 빈칸에 써 보세요.

> 나는 오늘 바다에 갑니다.

누가	언제	어디에	갑니까?
			갑니다.

2 글쓴이는 왜 바다에 갔나요? ⸻ [   ]

① 선풍기가 고장이 나서   ② 더위를 식히기 위해서

③ 친척 집에 가기 위해서   ④ 가족과 낚시를 하기 위해서

3 이 글에서 날씨가 어떻게 변했나요? 보기 에서 알맞은 그림을 찾아 순서에 맞게 써 보세요.

보기
ㄱ. ㄴ. ㄷ.

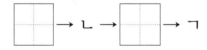

□ → ㄴ → □ → ㄱ

4 글쓴이가 여름 날씨를 변덕쟁이라고 한 까닭은 무엇인가요? ⸻ [   ]

① 여름 날씨가 너무 덥기 때문에

② 여름 날씨는 자주 바뀌기 때문에

③ 여름에는 비가 많이 오기 때문에

④ 여름에는 바다로 놀러 가기 때문에

5 이 글을 쓴 시기의 달력 배경으로 가장 잘 어울리는 그림은 무엇인가요?

[   ]

①  ②

③  ④

6 아래 빈칸의 낱말을 따라 쓰면서 이 글을 정리해 보세요.

| 여 | 름 |은| 햇 | 빛 |이 내리쬐는 무더운 계절이다.

날씨가 맑았다가도 갑자기 먹구름이 생기고 | 소 | 나 | 기 |

가 내리기도 한다. 여름 날씨는 | 변 | 덕 | 쟁 | 이 | 같다.

확인

호랑이와 곶감

**독해가
쉬워지는
낱말**

» 다음 낱말 카드를 보고, 빈칸에 알맞은 낱말을 써 보세요.

호랑이	사람	곶감

1. ⬚⬚⬚ 는 고기를 먹고사는 육식 동물입니다.

2. ⬚⬚ 은 동물과 달리 말과 글을 사용합니다.

3. 감의 껍질을 깎아 매달아 말리면 ⬚⬚ 이 됩니다.

**독해가
쉬워지는
한마디**

　　호랑이가 주인공으로 나오는 옛날이야기는 참 많아요. 「호랑이와 곶감」도 그중 하나예요. 어떤 이야기인지 읽어 보아요.

》 **다음 글을 읽고 질문에 답하세요.**

㉮ 깊은 산 속에 겨울이 왔어요. 함박눈이 산과 들을 온통 하얗게 덮었어요. 호랑이는 몹시 배가 고팠어요.

"어흥! 아이고 배고파. 어디 먹을 것 좀 없나?"

호랑이는 어슬렁어슬렁 산을 내려갔어요. 멀리 외딴집 불빛이 보였어요.

"으아앙, 잉잉!"

어린아이 울음소리가 들렸어요.

㉯ "옳지! 저 집에 먹을 것이 있을지 몰라."

호랑이는 외딴집으로 살금살금 다가갔어요.

"문밖에 호랑이 왔다. 뚝!"

방에서 엄마 목소리가 들렸어요.

㉰ "어라? 내가 온 걸 어떻게 알았지?"

호랑이는 깜짝 놀라 눈이 휘둥그레졌어요.

"아이고, 무서워! 뚝!"

하지만 아이는 울음을 그치지 않았어요.

"호랑이가 밖에서 엿듣고 있어, 뚝!"

"으아앙, 잉잉!"

" '어흥!' 하고 달려들지도 몰라, 뚝!"

"으아앙, 잉잉!"

"너, 정말 계속 울래?"

"으아앙, 잉잉!"

㉱ "옜다! 곶감이다, 곶감!"

그러자 아이는 울음을 뚝 그쳤어요.

– 위기철 엮음, 「호랑이와 곶감」 (전래동화)

독해 기술

1 다음 문장에서의 '누가', '언제', '어디에'를 찾아 빈칸에 써 보세요.

> 옛날, 깊은 산속에 호랑이가 살고 있었어요.

누가	언제	어디에	살고 있었나요?
			살고 있었어요.

2 호랑이는 왜 산속에서 내려왔나요? ─────────────── [　　]

① 몹시 배가 고파서

② 곶감이 무엇인지 궁금해서

③ 늙어서 사냥을 할 수 없어서

④ 깊은 산 속에서 살기 싫어져서

3 계속 울던 아이의 울음을 '뚝' 그치게 한 것은 무엇인가요? ──── [　　]

① 곶감　　　　② 엄마　　　　③ 호랑이　　　　④ 함박눈

4 ㉮~㉣ 중 다음 장면에 어울리는 내용은 무엇인가요? ──────── [　　]

① ㉮　　　　　② ㉯　　　　　③ ㉰　　　　　④ ㉱

5 다음은 이 글에 이어지는 뒷이야기예요. 호랑이의 행동으로 미루어 보아 ㉠에 들어갈 알맞은 말은 무엇인가요? ───────────────────── [　　]

> **뒷이야기**
>
> '곶감?'
> 호랑이는 깜짝 놀랐어요.
> '　　　　　　　　㉠　　　　　　　　'
> 호랑이는 갑자기 겁이 덜컥 났어요.
> '곶감이 여기 왔단 말이지?'
> 호랑이는 슬금슬금 뒷걸음질을 쳤어요.

① 오호라, 곶감은 달고 맛있구나!

② 아니, 곶감이 그렇게 좋은 건가?

③ 곶감이 그렇게나 작고 가볍단 말이지?

④ 곶감이 누구지? 나보다 더 무서운 놈인가?

6 아래 빈칸의 낱말을 따라 쓰면서 이 글의 내용을 정리해 보세요.

> 호 랑 이 가 배가 고파서 먹을 것을 찾아 산을 내려
> 왔다가 아이의 울 음 소리를 듣고 외딴집에 살금살금 다
> 가갔다. 엄마가 호랑이가 왔다고 해도 울음을 그치지 않던 아이
> 가 곶 감 이란 말에 울음을 뚝 그쳤다.

확인

독해력으로 명탐정 되기!

아껴 먹으려고 넣어 둔 내 아이스크림이 없어졌 어요!

학교 끝나고 2시에 아이스크림을 사 가지고 와 서 냉동실에 넣어 놨는데 오후 5시에 아이스크림 이 없어진 것을 발견했어요. 그 사이에 누가 먹었 나 봐요.

가족들이 다 모였으니까 물어봐야겠어요. 누가 내 아이스크림을 먹었는지 반드시 찾아내겠어요!

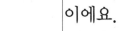

아이스크림을 먹은 사람은 바로 [   ] 이에요.

4주차

독해 기술

16회

글의 중요한 내용 알기 ②
_ 무엇을, 어떻게, 왜

'무언을, 어떻게, 왜' 찾는 방법

11회에서 '누가, 언제, 어디에서'를 찾는 방법을 배웠어요. 이번에는 '**무엇을, 어떻게, 왜**'를 찾아보아요.

먼저, '무엇을, 어떻게, 왜'를 묻는 질문을 만들어요. 다음으로, 그 질문에 대한 답을 글 속에서 찾아요. '무엇을, 어떻게, 왜'를 찾은 뒤 글을 읽으면 중요한 내용을 쉽게 알 수 있어요.

> **예** 준우는 배가 고파서 빠르게 요리를 했어요.
>
> **① 질문 만들기**   **② 질문에 대한 답 찾기**
>
> • 준우는 '**무엇을**' 했나요? -------- | 요리를 |
>
> • 준우는 '**어떻게**' 했나요? -------- | 빠르게 |
>
> • 준우는 '**왜**' 했나요? -------- | 배가 고파서 |

잠깐! **'왜' 쉽게 파악하기**

글 속에 '~하기 위해서' 또는 '~하기 때문에'라는 말이 있으면 대부분 '왜'에 해당하는 내용이에요.

육하원칙이란?

문장은 **육하원칙**, 즉 '누가, 언제, 어디에서, 무엇을, 어떻게, 왜'에 따라 써요. 육하원칙에 맞추어 글을 쓰면 내용을 쉽고 분명하게 전할 수 있어요.

> **육하원칙:** 누가, 언제, 어디에서, 무엇을, 어떻게, 왜

따라서 풀어보기

» [01~02] 문장에서 '무엇을'에 ○표 하세요.

정답과 해설 17쪽

01   준우는 달리기 연습을 해요.

02   준우는 바다에서 수영을 해요.

» [03~04] 문장에서 '어떻게'에 △표 하세요.

03   준우는 신나게 게임을 해요.

04   준우는 공부를 열심히 해요.

» [05~06] 문장에서 '왜'에 □표 하세요.

05   준우는 건강해지기 위해 운동을 시작했어요.

06   준우는 음악가가 되고 싶어서 피아노를 배워요.

신나게 연습하기

» [01~03] 문장에서 '무엇을'에 ○표 하세요.

01   재환이는 피자를 먹어요.

02   재환이는 친구들과 공기놀이를 해요.

03   재환이는 학예회에서 부를 노래를 매일 연습해요.

» [04~06] 문장에서 '어떻게'에 △표 하세요.

04   서연이는 걸어서 학교에 가요.

05   서연이는 버스를 타고 소풍을 가요.

06   서연이는 신나는 음악에 맞춰서 춤을 춰요.

» [07~09] 문장에서 '왜'에 □표 하세요.

07   하윤이는 비가 와서 우산을 썼어요.

08   하윤이는 감기에 걸려서 병원에 갔어요.

09   하윤이는 목이 아파서 따뜻한 물을 마셔요.

쓰기로 완성하기

» 보기 에서 '무엇을', '어떻게', '왜'를 찾아 빈칸에 써 보세요.

01 보기 재환이는 시험을 잘 보고 싶어서 매일 30분씩 공부를 해요.

재환이는	왜	어떻게	무엇을	하나요?
재환이는	시험을 잘 보고 싶어서	매일 30분씩		해요.

02 보기 하윤이는 친구들과 놀고 싶어서 서둘러 숙제를 해요.

하윤이는	왜	어떻게	무엇을	하나요?
하윤이는	친구들과 놀고 싶어서		숙제를	해요.

03 보기 서연이는 부모님께 어버이날 선물을 드리기 위해 종이를 접어서 카네이션을 만들어요.

서연이는	왜	어떻게	무엇을	만들고 있나요?
서연이는		종이를 접어서	카네이션을	만들어요.

확인

독해 적용

17회

용돈을 관리해요

독해가
쉬워지는
낱말

» 다음 낱말 카드를 보고, 빈칸에 알맞은 낱말을 써 보세요.

용돈	저금	계획

1. 심부름을 하고 ⬚⬚ 을 받았습니다.

2. 돼지 저금통에 ⬚⬚ 을 합니다.

3. 이번 주말에 무엇을 할 것인지 ⬚⬚ 을 세웁니다.

독해가
쉬워지는
한마디

　　용돈은 언제나 부족한 것 같아요. 어떻게 하면 용돈을 스스로 잘 관리할 수 있을까요?

» **다음 글을 읽고 질문에 답하세요.**

우리는 부모님으로부터 용돈을 받습니다. 정해진 용돈을 어떻게 하면 잘 쓸 수 있을까요? 용돈을 *관리하는 방법을 알아봅시다.

먼저 계획을 세워야 합니다. 계획 없이 마음 내키는 대로 물건을 사면 용돈이 떨어지기 마련입니다. 따라서 계획을 세워 나에게 필요한 물건이 무엇인지, 필요한 물건의 가격이 얼마인지 등을 꼼꼼히 따져 봐야 합니다. *용돈 기입장을 쓰는 것도 좋은 방법입니다. 용돈 기입장을 쓰면 용돈을 얼마 받았고, 용돈을 어디에 썼고, 용돈이 얼마나 남았는지 등을 한눈에 알 수 있습니다. 이로써 자신을 돌아보고 *씀씀이를 늘리거나 줄일 수 있습니다. 심부름 값을 받거나, 친척에게서 용돈을 받아서 용돈이 더 생기면 저금을 합니다. 그러면 갑자기 필요한 물건이 늘어나 용돈이 부족할 때 도움이 됩니다.

이렇게 하면 용돈을 꼭 필요한 곳에 알맞게 쓸 수 있습니다. 지금부터 용돈을 잘 관리하도록 노력합시다.

◆ **관리**   어떤 일을 맡아서 살피고 꾸리는 것.

◆ **용돈 기입장**   얼마의 용돈을 받았고, 얼마의 용돈을 썼는지를 정리하는 공책.

◆ **씀씀이**   돈이나 물건, 마음 등을 쓰는 정도.

독해 기술 **1** 다음 문장에서 '무엇을', '어떻게', '왜'를 찾아 빈칸에 써 보세요.

> 나는 용돈을 잘 관리하기 위해서 매일 용돈 기입장을 써요.

나는	왜	어떻게	무엇을	쓰나요?
나는				써요.

2 이 글의 중심 낱말은 무엇인가요? ⋯⋯⋯⋯⋯⋯⋯⋯⋯⋯ [　　]

① 계획　　　　　② 물건　　　　　③ 용돈　　　　　④ 저금

3 글쓴이가 가장 하고 싶은 말은 무엇인가요? ⋯⋯⋯⋯⋯⋯⋯ [　　]

① 용돈을 잘 관리합시다.

② 생활 계획을 잘 세웁시다.

③ 사고 싶은 물건을 삽시다.

④ 용돈을 무조건 아껴 씁시다.

4 용돈을 잘 관리하고 있는 친구의 이름을 써 보세요.

용돈을 받으면 일단 사고 싶었던 물건을 모두 사요.
윤후

용돈을 받으면 모두 저금해요.
민서

용돈 기입장을 써요.
시아

5 용돈 기입장의 색칠한 부분의 용돈을 잘 관리하는 방법은 무엇인가요?

[   ]

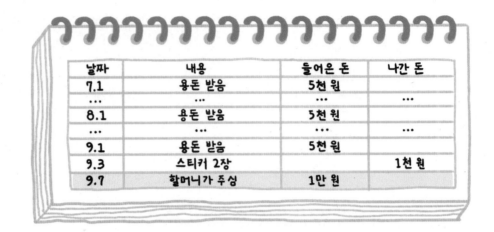

날짜	내용	들어온 돈	나간 돈
7.1	용돈 받음	5천 원	
...	...	...	...
8.1	용돈 받음	5천 원	
...	...	...	...
9.1	용돈 받음	5천 원	
9.3	스티커 2장		1천 원
9.7	할머니가 주심	1만 원	

① 저금한다.　　　　　　② 부모님께 드린다.

③ 연필과 공책을 산다.　　④ 아이스크림을 사 먹는다.

6 아래 빈칸의 낱말을 따라 쓰면서 이 글의 내용을 정리해 보세요.

> 용돈을 잘 관리하기 위해서는 용돈을 쓰기 전에 계획
> 을 꼼꼼히 세운다. 그리고 용돈기입장을
> 쓴다. 용돈이 더 생기면 저금한다.

확인

독해 적용

18회 숲에서 온 편지

**독해가
쉬워지는
낱말**

» 다음 낱말 카드를 보고, 빈칸에 알맞은 낱말을 써 보세요.

숲	다람쥐	편지

1. ☐☐ 은 나무가 우거져 있는 곳입니다.

2. ☐☐☐ 는 도토리를 잘 먹습니다.

3. 부모님께 어버이날을 맞아 감사의 ☐☐ 를 썼습니다.

**독해가
쉬워지는
한마디**

　　오늘날에는 숲이 섬섬 사라지고 있어요. 사람들이 숲을 없애고 건물과 도로를 짓기 때문이에요. 소중한 숲을 함께 지켜요.

» 다음 글을 읽고 질문에 답하세요.

우리 친구들에게

안녕하세요? 나는 숲에 사는 다람쥐 또미예요. 여러분에게 꼭 하고 싶은 말이 있어서 ◆간절한 마음을 담아 편지를 써요.

숲에는 나를 비롯해서 많은 동물이 살고 있어요. 우리 동물들에게 숲은 집이 되어 주는 한편 먹을거리를 내줘요. 내가 좋아하는 도토리와 밤도 숲이 주는 선물이에요. 어디 그뿐인가요? 숲에는 나무가 많아서 깨끗한 공기를 많이 만들어 내요. 또 그늘을 마련해 주기도 하고 ◆홍수를 막아 주기도 하지요.

그런데 사람들이 건물과 도로를 지으려고 나무를 마구 베는 바람에 숲이 점점 사라지고 있어요. ㉠내가 사는 숲도 곧 없어질지 몰라요. 그래서 여러분에게 숲이 얼마나 소중한지 알려 주고, 숲을 지켜 달라는 부탁을 하고 싶었어요.

여러분, 소중한 숲을 꼭 지키기로 약속해 주세요! 그럼 이만 쓸게요.

20○○년 5월 24일

다람쥐 또미가

◆ **간절하다** 무엇을 바라는 마음이 아주 강함.

◆ **홍수** 비가 많이 와서 강이나 개울에 물이 갑자기 많이 불은 것.

독해 기술 **1** 다음 문장에서 '무엇을', '어떻게', '왜'를 찾아 빈칸에 써 보세요.

> 다람쥐 또미는 숲의 소중함을 알려 주기 위해서 간절한 마음을 담아 편지를 썼어요.

다람쥐 또미는	왜	어떻게	무엇을	썼나요?
다람쥐 또미는				썼어요.

2 이 편지에서 다람쥐 '또미'가 가장 하고 싶었던 말은 무엇인가요? ────── [   ]

① 나무를 심자.

② 숲으로 놀러가자.

③ 소중한 숲을 지키자.

④ 동물 친구들을 보호하자.

3 밑줄 친 ㉠에서 알 수 있는 다람쥐 '또미'의 기분은 무엇인가요? ────── [   ]

① 신난다.   ② 재미있다.

③ 흥미롭다.   ④ 조마조마하다.

4 이 편지의 내용과 맞으면 '예', 틀리면 '아니요'에 색칠하세요.

(1) 다람쥐 '또미'가 쓴 편지이다. ──────────── | 예 | 아니요 |

(2) 숲에는 많은 동물들이 살고 있다. ──────── | 예 | 아니요 |

(3) 숲이 점점 사라지고 있다. ──────────────── | 예 | 아니요 |

5 '숲'에 대한 질문에 답하면서 길을 찾아가 보세요.

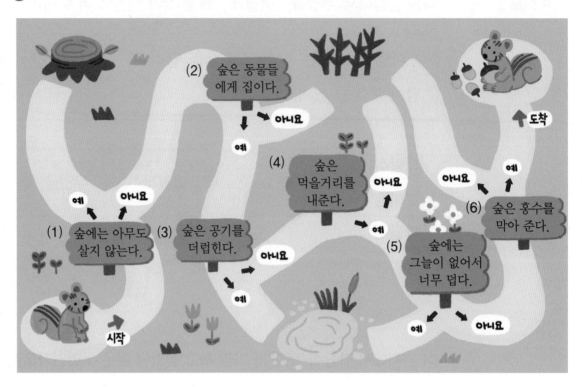

6 아래 빈칸의 낱말을 따라 쓰면서 이 편지의 내용을 정리해 보세요.

> 숲 은 동 물 에게 살 곳과 먹을거리를 내준다. 또
> 깨끗한 공 기 를 만들어 내고, 햇빛과 홍 수 를
> 막아 준다. 이렇게 소중한 숲이 사람들이 나 무 를 베는
> 바람에 사라지고 있다. 소중한 숲을 지켜야 한다.

확인

19회 겨울잠을 자는 동물들

독해가
쉬워지는
낱말

» 다음 낱말 카드를 보고, 빈칸에 알맞은 낱말을 써 보세요.

겨울잠

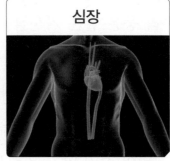

심장

온도

1. 곰은 ☐☐☐ 을 자며 추운 겨울을 견딥니다.

2. ☐☐ 은 온몸으로 피를 보내 줍니다.

3. 오늘은 ☐☐ 가 낮아 추운 날씨입니다.

독해가
쉬워지는
한마디

    겨울이 오면 농불들은 무엇을 할까요? 어떤 동물들은 땅속에 들어가 잠자듯 겨울을 보내요. 겨울잠을 자는 동물들에 대해 알아보아요.

독해 완성하기

» **다음 글을 읽고 질문에 답하세요.**

동물들은 추운 겨울을 어떻게 날까요? 어떤 동물들은 겨울이면 땅속이나 바위 밑에서 움직이지 않고 잠자듯 겨울을 보냅니다. 이것을 '겨울잠'이라고 합니다.

곰, 다람쥐, 너구리 등은 얕은 겨울잠을 잡니다. 보통 가을 동안에 먹이를 충분히 먹어 살을 찌운 뒤 겨울이 오면 따뜻한 땅속에서 잠을 잡니다. 움직임을 줄여 에너지를 적게 쓰기 위해서입니다.

개구리, 뱀, 도마뱀 등은 깊은 겨울잠을 잡니다. 이 동물들은 에너지를 적게 쓰기 위해서보다 얼어 죽지 않기 위해서 겨울잠을 잡니다. 왜냐하면, 바깥 온도에 따라 몸의 온도가 심하게 변하는 동물이기 때문입니다. 깊은 겨울잠을 자는 동안에는 심장이 느리게 뛰며 숨도 느리게 쉽니다. 거의 죽은 것처럼 말입니다.

어떤 동물들은 에너지를 적게 쓰기 위해 겨울잠을 자는 한편, 어떤 동물들은 몸의 온도를 지키려고 겨울잠을 자는 것입니다.

독해 기술 **1** 다음 문장에서 '무엇을', '어떻게', '왜'를 찾아 빈칸에 써 보세요.

동물들은 추운 겨울을 나기 위해서 먹이를 실컷 먹고 겨울잠을 잡니다.

동물들은	왜	어떻게	무엇을	자나요?
동물들은				잡니다.

2 이 글을 읽고 알 수 <u>없는</u> 것은 무엇인가요? ————————— [　　]

① 겨울잠의 뜻

② 겨울잠을 자는 까닭

③ 겨울잠을 자지 않는 동물

④ 얕은 겨울잠을 자는 동물

3 이 글의 내용과 맞으면 '예', 틀리면 '아니요'에 색칠하세요.

(1) 모든 동물은 겨울잠을 잔다. ——————

예	아니요

(2) 곰은 마치 죽은 것처럼 깊은 겨울잠을 잔다. ——

예	아니요

(3) 뱀이 죽은 듯 겨울잠을 자는 이유는 얼어 죽지 않기 위해서이다.

예	아니요

4 다음 중 얕은 겨울잠을 자는 동물은 누구인가요? ————————— [　　]

① 뱀　　　　　　　　　　② 다람쥐

③ 도마뱀　　　　　　　　④ 개구리

5 이 글을 읽고 깊은 겨울잠에 대한 설명으로 옳은 것에 색칠하세요.

(1) 깊은 겨울잠은 무엇인가요?		(2) 깊은 겨울잠은 어떤 동물들이 자나요?	
에너지를 절약하기 위해 자는 잠	거의 죽은 듯이 자는 잠	바깥의 온도에 따라 몸의 온도가 변하지 않는 동물	바깥의 온도에 따라 몸의 온도가 변하는 동물

6 아래 빈칸의 낱말을 따라 쓰면서 이 글을 정리해 보세요.

겨울잠 은 잠의 깊이 에 따라 얕은 겨울잠과 깊은 겨울잠으로 나뉜다. 곰, 다람쥐, 너구리는 에너지 를 절약하기 위해 얕은 겨울잠을 자는 반면, 개구리, 뱀, 도마뱀은 몸의 온도 를 유지하기 위해 거의 죽은 듯이 깊은 겨울잠을 잔다.

확인

독해 적용

20회

칫솔은 이렇게 변해 왔어요

독해가
쉬워지는
낱말

» 다음 낱말 카드를 보고, 빈칸에 알맞은 낱말을 써 보세요.

칫솔	충치	발명

1. ☐☐ 로 이를 닦습니다.

2. ☐☐ 가 생기면 치과에 가서 치료합니다.

3. 하늘을 나는 자동차가 ☐☐ 되면 좋겠습니다.

독해가
쉬워지는
한마디

　　우리는 칫솔로 깨끗하게 이를 닦아요. 칫솔이 없던 옛날 사람들은 어떻게 이를 닦았을까요? 칫솔이 어떻게 변해 왔는지 알아보아요.

» **다음 글을 읽고 질문에 답하세요.**

우리는 충치가 생기는 것을 막기 위해 칫솔로 이를 닦습니다. 그런데 칫솔이 없었던 옛날에는 어떻게 이를 닦았을까요?

아주 먼 옛날에는 나뭇가지로 이를 닦았습니다. 나뭇가지의 한쪽 끝을 질겅질겅 씹으면 붓처럼 갈라집니다. 이렇게 갈라진 나뭇가지를 칫솔처럼 사용한 것입니다. 600여 년 전, 중국에서 지금과 비슷한 모양의 칫솔이 만들어졌습니다. 동물의 뼛조각에 돼지 털을 박은 것입니다. 하지만 너무 비싼데다 털이 억세서 널리 쓰이지는 않았습니다. 그러다가 70여 년 전, 부드러운 ♦나일론이 ♦발명되어 이를 이용한 칫솔이 만들어졌습니다.

이렇게 칫솔은 그 모양과 재료가 조금씩 바뀌며 발전해 왔습니다. 최근에는 전기를 이용한 전동 칫솔까지 나와서 더욱 편리하게 이를 닦을 수 있습니다. 미래의 칫솔은 어떤 모습일지 기대가 됩니다.

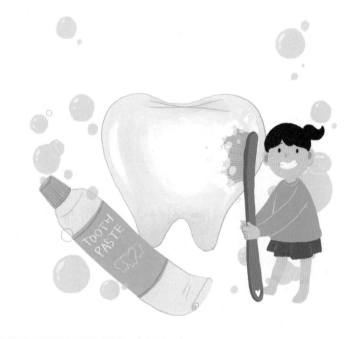

♦ **나일론** 가볍고 탄탄한 실로, 밧줄이나 옷을 만드는 데 쓰임.

♦ **발명** 아직까지 없던 기술이나 물건을 새로 생각하여 만들어 내는 것.

독해 기술 **1** 다음 문장에서 '무엇을', '어떻게', '왜'를 찾아 빈칸에 써 보세요.

> 우리는 충치가 생기는 것을 막기 위해 깨끗이 이를 닦아요.

우리는	왜	어떻게	무엇을	닦나요?
우리는				닦아요.

2 이 글의 중심 낱말은 무엇인가요? ─────────── [   ]

① 충치　　　　　　　② 칫솔
③ 발명품　　　　　　④ 이 닦기

3 이 글에서 가장 중심이 되는 내용은 무엇인가요? ───── [   ]

① 칫솔의 가격
② 이를 잘 닦는 방법
③ 칫솔이 변해 온 모습
④ 이를 깨끗이 닦아야 하는 이유

4 이 글의 내용과 맞으면 '예', 틀리면 '아니요'에 색칠하세요.

(1) 옛날 사람들은 이를 닦지 않았다. ────── 예 | 아니요
(2) 칫솔을 만드는 재료는 조금씩 변해 왔다. ── 예 | 아니요
(3) 최근에는 전기를 이용한 칫솔이 나왔다. ── 예 | 아니요

5 각 칫솔에 알맞은 설명을 선으로 연결해 보세요.

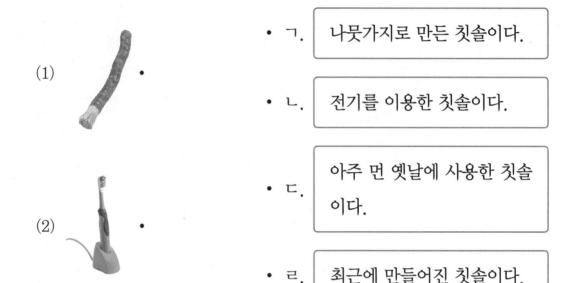

(1) •

(2) •

• ㄱ. 나뭇가지로 만든 칫솔이다.

• ㄴ. 전기를 이용한 칫솔이다.

• ㄷ. 아주 먼 옛날에 사용한 칫솔이다.

• ㄹ. 최근에 만들어진 칫솔이다.

6 아래 빈칸의 낱말을 따라 쓰면서 이 글의 내용을 정리해 보세요.

| 칫 | 솔 |이 없었던 옛날에는 나뭇가지를 이용해서 이를 닦거나, 뼛조각에 돼지 털을 박아서 칫솔을 만들었다. 이후 미국에서 | 나 | 일 | 론 |이 발명되면서 지금과 같은 칫솔로 변해 왔다. 요즘은 전동 칫솔까지 나와서 정말 | 편 | 리 |해졌다. 이처럼 칫솔은 그 | 모 | 양 |과 | 재 | 료 |가 조금씩 변해 왔다.

확인

독해력으로 명탐정 되기!

옛날 어느 마을에 세상에서 가장 빠른 말을 키우는 할아버지가 있었어요.

할아버지는 자신의 세 딸 중에서 말의 재능을 가장 잘 살려줄 딸에게 이 말을 주기로 결심했어요.

❓ 할아버지는 누구에게 말을 주었을까요?

① 첫째　　　② 둘째　　　③ 셋째

5주차

독해 기술

21회

시간 순서대로 글 읽기

시간을 나타내는 말

시간을 나타내는 말을 따라 시간의 흐름대로 글을 읽으면 글의 내용을 쉽게 이해할 수 있어요. 시간을 나타내는 말을 알아볼까요?

	← 시간을 나타내는 말 →			
하루	새벽 아침	점심	저녁	밤
	오전		오후	
	어제	오늘		내일
일주일	지난 주	이번 주		다음 주
일 년	1월 2월 3월 4월 5월 6월 7월 8월 9월 10월 11월 12월			
	작년	올해		내년

시간 순서대로 글을 읽는 방법

시간을 나타내는 말을 찾아 가며 글을 읽어요. **시간 순서가 한눈에 들어와 내용을 쉽게 이해할 수 있어요.**

예 〈나의 하루〉

① 나는 오전 6시에 일어나요.

② 나는 오전 8시에 아침식사를 해요.

③ 나는 오후 4시에 친구들과 야구를 해요.

④ 나는 오후 9시에 잠을 자요.
→ 시간을 나타내는 말

따라서 풀어보기

먼저 일어난 일에 ①, 나중에 일어난 일에 ②를 써 보세요.

> 나는 올해 3월에 초등학교에 입학했어요. ⸻⸻ [   ]
>
> 나는 올해 2월에 유치원을 졸업했어요. ⸻⸻ [   ]

정답과 풀이

나는 (올해 3월)에 초등학교에 입학했어요. ⸻⸻ [②]
    시간을 나타내는 말 – 나중에 일어난 일

나는 (올해 2월)에 유치원을 졸업했어요. ⸻⸻ [①]
    시간을 나타내는 말 – 먼저 일어난 일

» **먼저 일어난 일에 ①, 나중에 일어난 일에 ②를 써 보세요.**

정답과 해설 22쪽

01

내 키는 올해 봄에 120센티미터였어요. ⸻⸻ [   ]

올해 가을에 키를 재어 보니 125센티미터가 되었어요. ⸻⸻ [   ]

02

이번 주에 화분에서 새싹이 났어. ⸻⸻ [   ]

지난주에 화분에 꽃씨를 심었거든! ⸻⸻ [   ]

03

어제 이가 많이 아팠어. ⸻⸻ [   ]

오늘 치과에 다녀왔어. ⸻⸻ [   ]

04

내년에 나는 9살이에요. ⸻⸻ [   ]

작년에 나는 7살이었어요. ⸻⸻ [   ]

신나게 연습하기

》 먼저 일어난 일에 ①, 나중에 일어난 일에 ②를 써 보세요.

01
작년까지 나는 유치원에 다녔어요. —————— [　　]
올해에 나는 초등학교에 다녀요. —————— [　　]

02
오전 8시에 가족들과 아침식사를 해요. —————— [　　]
오후 6시에 가족들과 저녁식사를 해요. —————— [　　]

03
오늘 만든 모래성은 허물어지지 않고 튼튼해요. —————— [　　]
어제 만든 모래성은 힘이 없어서 바로 쓰러졌어요. —————— [　　]

04
시우는 지난주에 줄넘기를 20개까지 이어서 했어요. —————— [　　]
시우는 이번 주에 줄넘기를 30개까지 이어서 했어요. —————— [　　]

05
화음이는 작년까지 보조 바퀴를 단 두발 자전거를 탔어요. —————— [　　]
화음이는 올해부터 보조 바퀴를 뗀 두발 자전거를 타요. —————— [　　]

06
옛날 사람들은 걸어 다니거나 말을 타고 먼 곳을 다녔대요. —————— [　　]
오늘날 사람들은 자동차나 기차를 타고 먼 곳을 다녀요. —————— [　　]

쓰기로 완성하기

» 일이 일어난 순서에 맞게 보기 에서 낱말을 골라 문장을 완성하세요.

01   보기   지난달   이번 달

_____ 에는 동생이 엉금엉금 기어 다녔어요.

_____ 에는 동생이 아장아장 걸어 다녀요.

02   보기   작년   올해

형은 _____ 에 고등학생이었어요.

형은 _____ 에 대학생이 되었어요.

03   보기   오전 9시   오후 5시

_____ 에 학교에 갑니다.

_____ 에 집에 돌아옵니다.

04   보기   오늘   어제

_____ 는 크리스마스이브였어요.

_____ 은 크리스마스예요.

확인

독해 적용

22회

지렁이 _ 김개미

**독해가
쉬워지는
낱말**

» 다음 낱말 카드를 보고, 빈칸에 알맞은 낱말을 써 보세요.

지렁이	숨	발자국

1. 땅속에 사는 ☐☐☐ 는 땅을 기름지게 합니다.

2. '헉헉!' 빨리 달리면 ☐ 이 찹니다.

3. '뽀드득뽀드득' 흰 눈을 밟으면 ☐☐☐ 이 찍힙니다.

**독해가
쉬워지는
한마디**

　비가 온 뒤에는 땅 위로 올라온 지렁이를 만날 수 있어요. 꿈틀꿈틀 기어가는 지렁이를 들여다보고 지은 시를 읽어 보아요. 지렁이가 지나가는 모습이 자연스레 떠오를 거예요.

독해력을 올리는
지문 듣기

QR코드를 찍어서 지문을 들어 보세요.

» 다음 시를 읽고 질문에 답하세요.

지렁이

김개미

아침 먹고 가도
점심 먹고 가도
숨이 차게 가도
하루 종일 가도
발자국은 하나

독해 기술

1 먼저 일어난 일에 ①, 나중에 일어난 일에 ②를 써 보세요.

아침 먹고 가도 ⋯⋯⋯⋯⋯⋯⋯⋯⋯⋯⋯⋯⋯⋯⋯⋯⋯ [   ]

점심 먹고 가도 ⋯⋯⋯⋯⋯⋯⋯⋯⋯⋯⋯⋯⋯⋯⋯⋯⋯ [   ]

2 지은이는 지렁이의 무엇을 보고 이 시를 썼나요? ⋯⋯⋯ [   ]

① 먹이

② 생김새

③ 사는 곳

④ 지나간 흔적

3 이 시에서 반복되는 말은 무엇인가요? ⋯⋯⋯⋯⋯⋯⋯ [   ]

① 아침   ② 가도

③ 하루   ④ 발자국

4 지렁이와 '발자국'이 가장 비슷한 동물은 무엇인가요? ⋯⋯⋯ [   ]

①    ②   ③   ④

부엉이   오리   달팽이   토끼

5 「지렁이」와 아래 시의 같은 점은 무엇인가요? ············· [   ]

꾸물꾸물 꼬물꼬물

유강희

날이 꾸물꾸물 하면

하늘에선 비가 오고요

우리 집 마당에선

지렁이가 꼬물꼬물 하죠

① 시의 제목이 같다.

② 시의 글감이 같다.

③ 시를 쓴 사람이 같다.

④ 날씨를 관찰하고 쓴 시이다.

6 아래 빈칸의 낱말을 따라 쓰면서 이 시의 내용을 정리해 보세요.

지렁이 는 다리가 없기 때문에 발자국이 남지 않는다. 그렇지만 이 시의 지은이는 지렁이가 지나간 흔적을 지렁이의 발자국 이라고 생각했다.

확인

독해 적용

23회

폴짝폴짝 사방치기

독해가
쉬워지는
낱말

» 다음 낱말 카드를 보고, 빈칸에 알맞은 낱말을 써 보세요.

깨금발	돌멩이	금

1. 닭싸움은 □□□을 한 채로 겨루는 놀이입니다.

2. '퐁당퐁당!' 우리는 시냇가에 □□□를 던졌습니다.

3. 놀이하는데 친구가 □을 안 밟았다고 우깁니다.

독해가
쉬워지는
한마디

　　사방치기는 돌멩이 하나로도 재미있게 즐길 수 있는 놀이예요. 사방
치기를 어떻게 즐기는지 그 방법을 알아보아요.

독해력을 올리는
지문 듣기

QR코드를 찍어서 지문을 들어 보세요.

» **다음 글을 읽고 질문에 답하세요.**

민솔이에게

민솔아, 방학 잘 보내고 있니? 나는 할머니 댁에 놀러 왔어. 어제는 혼자 있어서 많이 심심했는데, 오늘은 사촌 형한테서 사방치기 놀이를 배웠어. 너에게도 알려 줄 테니 한번 해 봐.

① 먼저 땅에 여덟 개의 칸을 그리고 순서대로 숫자를 써넣어. 그리고 돌멩이를 준비한 다음 가위바위보로 차례를 정해.

② 자기 차례가 되면 돌멩이를 숫자 칸에 던져서 첫 칸부터 마지막 칸까지 갔다가 돌아오면 돼. 이때 돌멩이가 있는 칸에는 발을 디디면 안 돼. 그리고 돌아올 때는 돌멩이를 주워서 들어와야 해.

③ 1단을 할 차례라면 1번 칸에 돌을 던져 넣어. 그리고 2번 칸부터 시작해서 한 발 또는 두 발을 디디며 나아가. 2번 칸은 ◆깨금발로, 3번 칸도 깨금발로, 4번과 5번 칸은 동시에 두발로, 6번 칸은 깨금발로, 7번과 8번 칸은 동시에 두 발로 디디는 거야. 돌아올 때는 반대의 순서로 나오면 돼. 이렇게 1단부터 8단까지, 모두 성공한 사람이 이기는 거야.

④ 참! 돌멩이가 칸 밖으로 나가거나, 돌멩이를 못 주워 오거나, 또는 발로 금을 밟으면 다음 사람에게 기회가 넘어가.

방학 동안 연습 많이 해서 개학하면 우리 같이 사방치기 하면서 놀자. 그럼 건강한 모습으로 만나.

2000년 8월 3일

유성이가

◆ **깨금발** 한 발은 들고 한 발로만 땅에 선 자세.

독해 기술 **1** 먼저 일어난 일에 ①, 나중에 일어난 일에 ②를 써 보세요.

> 오늘은 사촌 형한테 사방치기를 배웠어. —————————— [   ]
>
> 어제는 혼자 있어서 많이 심심했어. —————————— [   ]

2 이 글의 중심 낱말은 무엇인가요? ————————————— [   ]

① 방학 ② 돌멩이 ③ 사촌 형 ④ 사방치기

3 이 편지를 읽고 알 수 있는 내용은 무엇인가요? —————— [   ]

① 이 글은 유성이가 9월에 쓴 편지이다.

② 유성이는 할머니 댁에 놀러 가 있다.

③ 민솔이가 사촌 형에게 쓴 편지이다.

④ 민솔이와 유성이는 같이 사방치기를 한 적이 있다.

4 사방치기 놀이 방법을 바르게 알고 있는 친구의 이름을 써 보세요.

모든 칸을 깨금발로 딛어. 라온

돌멩이를 못 주우면 다시 도전할 수 있어. 유환

8단까지 모두 성공하면 이기는 놀이야. 하윤

5 다음은 사방치기를 하는 방법입니다. 순서에 맞게 기호를 써 보세요.

> **보기**
>
> ㄱ. 돌멩이를 숫자 칸에 던진다.
>
> ㄴ. 돌아올 때는 돌멩이를 주워서 들어온다.
>
> ㄷ. 땅에 여덟 개의 칸을 그리고 숫자를 쓴다.
>
> ㄹ. 8단까지 모두 성공하면 이긴다.

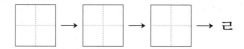

6 아래 빈칸의 낱말을 따라 쓰면서 이 편지의 내용을 정리해 보세요.

> 사 방 치 기 는 돌멩이 하나로 놀 수 있는 놀이
> 다. 땅에 여덟 개의 칸을 그리고 돌 멩 이 를 던져서
> 깨 금 발 과 양발을 사용하여 먼저 8단까지 모두 성공
> 한 사람이 이긴다.

확인

독해 적용

24회

발명가, 헤디 라마

**독해가
쉬워지는
낱말**

» 다음 낱말 카드를 보고, 빈칸에 알맞은 낱말을 써 보세요.

발명가	무선	휴대 전화

1. 현지는 에디슨 같은 훌륭한 ⬚⬚⬚ 가 되고 싶습니다.

2. 선이 없는 ⬚⬚ 이어폰이 개발되었습니다.

3. ⬚⬚⬚⬚ 는 손에 들거나 몸에 지니고 다니면서 사

용할 수 있는 무선 전화기입니다.

**독해가
쉬워지는
한마디**

　　'헤디 라마(1913~2000)'는 유명한 배우이자 발명가예요. 헤디 라마가
어떤 발명으로 우리의 삶을 편리하게 만들어 주었는지 알아보아요.

» 다음 글을 읽고 질문에 답하세요.

'헤디 라마'는 두 가지 삶을 살았습니다. 낮에는 배우, 밤에는 과학 기술을 연구하는 발명가였습니다. 오늘날 없어서 안 되는 여러 ⁺무선 통신 기술은 헤디 라마로부터 발전했습니다.

제2차 세계 대전이 일어났을 때의 일입니다. 독일군은 연합군의 통신을 엿듣고 연합군의 작전을 알았습니다. 그때 헤디 라마에게 좋은 생각이 떠올랐습니다. 통신할 때 쓰는 ⁺주파수를 끊임없이 바꿔서 적이 알아차리기 어렵게 만드는 것입니다. 헤디 라마는 이 생각을 바탕으로 '주파수 도약 기술'을 발명했습니다.

하지만 아쉽게도 그 당시에는 ㉠이 기술이 널리 쓰이지 못했습니다. 그러나 오늘날 이 기술은 휴대 전화, 와이파이 등에서 중요한 역할을 하고 있습니다. 이러한 까닭으로 헤디 라마는 '무선 통신의 어머니'라 불리기도 합니다.

◆ **무선 통신**　전깃줄 없이 전파로 정보를 주고받는 것.

◆ **주파수**　전파나 음파가 1초 동안 흔들려 움직이는 횟수.

독해 기술 **1** 먼저 일어난 일에 ①, 나중에 일어난 일에 ②를 써 보세요.

> 옛날에는 주파수 도약 기술이 사용되지 못하였다. ———— [   ]
>
> 오늘날에는 와이파이, 블루투스 등에 주파수 도약 기술이 사용되고 있다. ———————————————————— [   ]

2 '헤디 라마'의 직업은 무엇인가요? (정답 2개) ———— [,   ]

① 의사   ② 배우   ③ 발명가   ④ 선생님

3 다음에 설명하는 낱말을 이 글에서 찾아 써 보세요.

> 전깃줄 없이 전파로 정보를 주고받는 것.

[   ][   ][   ][   ]

4 밑줄 친 ㉠에 대한 설명으로 **틀린** 것은 무엇인가요? ———— [   ]

① 헤디 라마가 발명한 기술이다.

② 주파수를 계속 바꾸어 가며 통신하는 것이다.

③ 적이 쉽게 알아차리도록 도와주는 기술이다.

④ 오늘날 휴대 전화, 와이파이 등에 이용된다.

5 '헤디 라마'에 대해 <u>잘못</u> 알고 있는 친구의 이름을 써 보세요.

헤디 라마는 제2차 세계 대전에 참전했던 군인이야.

우주

헤디 라마는 배우이면서 동시에 발명가야.

민서

헤디 라마는 '무선 통신의 어머니' 라고도 불려.

지호

6 아래 빈칸의 낱말을 따라 쓰면서 이 글의 내용을 정리해 보세요.

> | 헤 | 디 | | 라 | 마 | 는 주파수 도약 기술을 발명했다.
>
> 이 | 기 | 술 | 은 오늘날 휴대 전화, 와이파이 등에서 중요한
>
> 역할을 하며, | 무 | 선 | 통 | 신 | 기술을 발전시켰다.

확인

독해 적용

25회 조물조물 흙으로 빚어요

독해가 쉬워지는 낱말

» 다음 낱말 카드를 보고, 빈칸에 알맞은 낱말을 써 보세요.

흙	그릇	그늘

1. 화분에 ☐☐ 을 채우고 씨앗을 심습니다.

2. 설거지를 돕다가 실수로 ☐☐ 을 깼습니다.

3. 여름에는 햇볕이 드는 곳보다 ☐☐ 진 곳이 시원합니다.

독해가 쉬워지는 한마디

　　생활 속에서 쉽게 볼 수 있는 항아리나 도자기 등은 흙으로 만든 그릇이에요. 흙으로 그릇을 만드는 과정을 알아보아요.

» 다음 글을 읽고 질문에 답하세요.

지난주에 우리 가족은 도자기 축제에 다녀왔어요. 아빠가 그러시는데, 옛날 사람들은 흙으로 그릇을 만들어서 사용했대요. 흙을 빚어 그릇을 만든다니 정말 신기해요.

도자기 축제에서 우리는 그릇을 만들어 보는 체험을 했어요. 먼저 흙을 주물러 덩어리를 만들었어요. 나는 흙덩어리를 가래떡처럼 길게 늘인 다음 돌돌 말아 올렸어요. 동생은 흙덩어리를 손으로 꾹꾹 눌러서 납작한 모양을 만들었어요. 그다음에는 붓에 물감을 묻혀서 색도 칠하고 그림도 그렸어요. 이제 색을 입힌 그릇을 그늘에서 천천히 말리면 돼요. 햇볕에서 말리면 그릇이 갈라질 수도 있기 때문에 그늘에서 말리는 거래요. 마지막으로 그릇을 ◆가마에 넣고 아주 높은 온도에서 구워 내면 도자기가 완성돼요. 그릇을 말리고 굽는 데는 시간이 오래 걸려서 완성된 그릇을 나중에 택배로 받기로 했어요.

내가 ◆조몰락거린 흙이 어떤 그릇이 되어 나올지 무척 기대돼요. 처음에 흙을 만질 때는 말랑말랑하고 축축하고 차가웠거든요. 그런데 그릇은 단단하고 뭔가를 담을 수 있잖아요. 내 그릇에 무엇을 담을지 미리 생각해 둬야겠어요.

◆ **가마**　도자기를 구워내는 시설.

◆ **조몰락거리다**　작은 동작으로 물건 따위를 자꾸 주무르는 것.

독해 기술 **1** 먼저 일어난 일에 ①, 나중에 일어난 일에 ②를 써 보세요.

> 마지막으로 그릇을 가마에 넣고 구워내요. ⸺⸺⸺⸺⸺ [   ]
>
> 먼저 흙으로 그릇 모양을 만들어요. ⸺⸺⸺⸺⸺⸺ [   ]

2 이 글에서 가장 중요한 내용은 무엇인가요? ⸺⸺⸺ [   ]

① 흙을 만졌을 때의 느낌

② 도자기 축제가 열리는 곳

③ 흙으로 그릇을 만드는 과정

④ 우리 가족이 만든 그릇의 모양

3 이 글에서 알 수 있는 글쓴이의 기분은 어떠한가요? (정답 2개) ⸺ [,   ]

① 신기하다.   ② 속상하다.

③ 기대된다.   ④ 황당하다.

4 이 글을 읽고 다음 내용이 맞으면 '예', 틀리면 '아니요'에 색칠하세요.

(1) 우리 가족은 도자기 축제에 다녀왔다. ⸺⸺⸺ | 예 | 아니요 |

(2) '나'는 납작한 그릇을 만들었다. ⸺⸺⸺⸺ | 예 | 아니요 |

(3) '나'는 도자기 축제에서 만든 그릇을 집에 들고 왔다.

| 예 | 아니요 |

5 그릇을 그늘에서 말려야 하는 까닭을 가장 잘 설명한 친구는 누구인가요?

[   ]

① 별이: 주변에 그늘이 많기 때문이야.

② 석진: 그늘이 더 시원하기 때문이야.

③ 재환: 그늘에서 훨씬 빨리 마르기 때문이야.

④ 희연: 햇볕에서 말리면 그릇이 갈라지기 때문이야.

6 아래 빈칸의 낱말을 따라 쓰면서 이 글의 내용을 정리해 보세요.

나는 가족과 함께 도 자 기 축제에 다녀왔다. 나는 축제에서 흙 으로 그 릇 을 만들었는데, 어떤 그릇으로 나올지 기대하고 있다.

확인

독해력으로
명탐정
되기!

지훈이는 찍어 놓았던 사진들을 앨범에 꽂으려고 합니다. 찍었던 순서대로 사진을 정리하면 좋겠지요?

? 앨범에 넣을 사진들의 순서를 써 보세요.

8월에 바다에서 놀았다.

10월에 뒷산에서 밤을 땄다.

4월에 공원으로 소풍을 갔다.

6주차

독해 기술

26회 가리키는 대상 알기

여러 가지 가리킴 말

'그 사람', '이것', '저기'와 같이 사람이나 물건, 장소를 가리키는 말을 **가리킴 말**이라고 해요. 가리킴 말을 알아보아요.

구분	가리킴 말
사람을 가리키는 말	나, 너, 당신, 우리, 저희, 그, 이, 저
물건을 가리키는 말	이것, 저것, 그것, 그, 이, 저
장소을 가리키는 말	이곳, 저곳, 거기, 그, 이, 저

이와 같은 가리킴 말이 가리키는 사람이나 물건, 장소를 **가리키는 대상**이라고 해요.

'가리킴 말'이 '가리키는 대상' 찾는 방법

가리키는 대상은 보통 가리킴 말의 앞 문장이나 앞 말에 있어요. 가리킴 말 자리에 가리키는 대상을 넣어 읽었을 때 자연스러우면 가리키는 대상을 잘 찾은 거예요.

> 예 지아는 내 친구입니다. 그 아이는 우리 집 위층에 삽니다.
>   가리키는 대상   가리킴 말
>
> ➡ 가리키는 대상은 보통 가리킴 말 앞에 있어요.
>
> 지아는 내 친구입니다. 지아는 우리 집 위층에 삽니다.
>
> ➡ 가리킴 말(그 아이) 대신에 가리키는 대상(지아)를 넣어서 읽었을 때 자연스러우므로 가리킴 말이 가리키는 대상은 '지아' 입니다.

따라서 풀어보기

미리보기

밑줄 친 가리킴 말이 '가리키는 대상'에 ○표 하세요.

> 우리 집에는 고양이 '오후'가 함께 살아요.
> 이것은 털이 하얗고 길어요.

정답 우리 집에는 고양이 '오후'가 함께 살아요.
　　　　　　　　　　가리키는 대상
　　　　이것은 털이 하얗고 길어요.
　　　　가리킴 말

풀이 '이것' 자리에 '고양이 오후'를 넣으면 '고양이 오후는 털이 하얗고 길어요.'로 자연스러운 문장이 됩니다. 그러므로 '이것'이 가리키는 대상은 '고양이 오후'입니다.

» 밑줄 친 가리킴 말이 '가리키는 대상'에 ○표 하세요.

정답과 해설 27쪽

01
지아는 화분을 샀어요.
그리고 매일 그것에 물을 주어요.

02
지아는 뒷동산을 좋아해요.
그곳에 가면, 싱그러운 나무 향기를 맡을 수 있지요.

03
"시우야, 이분께 인사드리렴.
아빠 초등학교 때 선생님이시란다."

04
"시우야, 엄마에게 휴대 전화 좀 가져다주겠니?
그것은 식탁 위에 있어."

신나게 연습하기

» 밑줄 친 가리킴 말이 '가리키는 대상'에 ○표 하세요.

01
윤후는 떡볶이가 먹고 싶어요.
그래서 아빠에게 <u>그것</u>을 만들어 달라고 했어요.

02
재환이는 형 방에서 몰래 새 축구공을 꺼내요.
친구들에게 <u>그것</u>을 자랑하고 싶어서요.

03
혁이는 로봇 장난감이 정말 갖고 싶어요.
그래서 <u>그것</u>을 사기 위해 부모님과 약속한 일을 열심히 하고 있어요.

04
서연이는 「내 동생 싸게 팔아요」를 신나게 읽고 있어요.
서연이도 <u>그 이야기</u>에 나오는 동생이랑 비슷한 동생이 있거든요.

05
"언니, 리본 핀 한 번만 빌려주면 안 돼?
<u>그거</u>랑 내 옷이랑 정말 잘 어울릴 것 같아서. 응?"

06
"나리야, 내일 우리 집에서 생일잔치하는데 초대하고 싶어.
학교 정문 느티나무에서 12시에 만나자. 내일 <u>거기</u>로 와. 꼭이야!"

쓰기로 완성하기

» 보기 의 낱말을 모두 사용해서 문장을 완성하세요.

01 보기   그림   그것

"_____을 다 완성했나요? _____을 바구니에 넣어 주세요."

02 보기   그것   겨자

"엄마, 초밥에서 _____를 빼면 안 될까요? _____은 너무 매워요."

03 보기   쟤   동생

"저랑 _____이랑 똑같이 잘못해도 왜 제가 더 꾸중을 들어야 하나요?

_____가 먼저 저를 놀리고 괴롭히는데요. 억울해요."

04 보기   놀이터   거기

"여러분, 운동장에서 놀지 말고 _____에서 놀아요. _____는 나무 그늘이 있

어서 시원해요."

확인

독해 적용

27회

궁금해! 교통안전 표지판

독해가
쉬워지는
낱말

» 다음 낱말 카드를 보고, 빈칸에 알맞은 낱말을 써 보세요.

교통안전 표지판	횡단보도	교통사고

1. ☐☐☐☐ ☐☐☐ 은 차와 사람이 안전하게 다닐 수 있도록 알려 줍니다.

2. 길을 건널 때에는 ☐☐☐☐를 이용합니다.

3. 교통안전 표지판을 따르지 않으면 ☐☐☐☐가 날 수 있습니다.

독해가
쉬워지는
한마디

　교통안전 표지판을 본 적 있나요? 교통안전 표지판은 우리가 안전하게 길을 다닐 수 있도록 도와주는 알림판이에요. 교통안전 표지판에 담긴 내용을 자세히 알아보아요.

» 다음 글을 읽고 질문에 답하세요.

교통안전 표지판은 차와 사람이 안전하게 다닐 수 있도록 *규칙을 알려 줍니다. 이것을 살펴서 규칙을 미리 알고 조심하면 교통사고를 막을 수 있지요. 몇 가지 교통안전 표지판을 살펴볼까요?

파란색 바탕에 횡단보도를 건너는 사람이 그려져 있습니다. 이 표지판은 횡단보도를 이용해 길을 건너라는 표시입니다.

빨간색 테두리 안에 삽질하는 사람이 그려져 있습니다. 주변에서 공사하고 있어서 위험하니 조심하라는 표시입니다.

걸어가는 사람 위로 빨간색 선이 그어져 있습니다. 걸어 다니면 안 된다는 표시입니다. 이런 표지판이 있는 길에서 걸어 다니면 위험합니다.

이렇게 교통안전 표지판은 그림을 이용해 내용을 한눈에 보여 줍니다. 특히 교통안전 표지판의 빨간색은 위험을 알리고 무언가를 막는 표시이니 더욱 신경 써야 합니다. 앞으로 길을 다닐 때는 교통안전 표지판을 자세히 살펴보길 바랍니다.

◆ **규칙** 여러 사람이 다 같이 지키기로 한 법칙.

독해 기술 **1** 밑줄 친 가리킴 말이 '가리키는 대상'에 ○표 하세요.

> 교통안전 표지판은 차와 사람이 안전하게 다닐 수 있도록 규칙을
> 알려 줍니다. 이것을 살펴서 규칙을 미리 알고 조심하면 교통사고
> 를 막을 수 있지요.

2 이 글의 중심 낱말은 무엇인가요? ·· [　　]

① 규칙　　　　　　　　　　② 교통사고
③ 교통안전　　　　　　　　④ 교통안전 표지판

3 교통안전 표지판에서 '위험을 알리고 무언가를 막는 표시'는 무슨 색으로 나
타내나요?

색

4 다음 설명이 가리키는 교통안전 표지판을 알맞게 선으로 연결해 보세요.

(1) 　횡단보도를 이용해 길을 건너야 한다.　　·

·ㄱ.

(2) 　걸어 다니면 안 된다.　　·

·ㄴ.

5 다음의 장소에 가장 잘 어울리는 교통안전 표지판은 무엇인가요? ········· [   ]

① ② ③ 횡단보도 ④ 자전거횡단

6 아래 빈칸의 낱말을 따라 쓰면서 이 글의 내용을 정리해 보세요.

| 교 | 통 | 안 | 전 | 표 | 지 | 판 |은 차와 사람이

안전하게 다닐 수 있도록 | 규 | 칙 |을 알려준다. 길을 다닐

때에는 교통안전 표지판을 잘 살펴봐야 한다.

확인

독해 적용

28회

안녕? 태극기

독해가
쉬워지는
낱말

» 다음 낱말 카드를 보고, 빈칸에 알맞은 낱말을 써 보세요.

태극기	국기	무늬

1. ☐☐☐ 가 바람에 펄럭입니다.

2. 나라마다 ☐☐ 의 모양이 다릅니다.

3. 나는 ☐☐ 가 있는 색종이를 좋아합니다.

독해가
쉬워지는
한마디

　　나라마다 나라를 나타내는 국기가 있어요. 국기에는 다양한 뜻이 담겨 있다고 해요. 우리나라의 국기인 태극기에는 어떤 뜻이 담겨 있는지 알아보아요.

» **다음 글을 읽고 질문에 답하세요.**

나라마다 나라를 나타내는 *국기가 있습니다. 우리나라의 국기는 태극기 입니다.

태극기는 하얀색 바탕 위에 검은색 줄들과 빨간색과 파란색이 어우러진 태극 무늬로 이루어져 있습니다. 여기에는 여러 가지 의미가 담겨 있습니다. 먼저 하얀색 바탕은 *평화를 사랑하는 우리나라 사람들의 마음을 의미합니다. 다음으로 네 모서리의 검은색 줄들은 '건곤감리'라고 합니다. '건'은 하늘, '곤'은 땅, '감'은 물, '이(리)'는 불을 의미합니다. 건곤감리는 빨간색과 파란색이 어우러진 태극 무늬를 감싸고 있습니다. 마지막으로 빨간색과 파란색의 태극 무늬가 있습니다. 이 무늬는 우주가 조화롭게 잘 어우러진 모습을 의미합니다.

이렇게 태극기에는 세상 모든 것들이 서로 어울려 평화로운 나라가 되기를 바라는 마음이 담겨 있습니다.

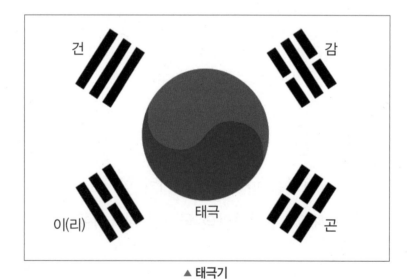

▲ 태극기

◆ **국기** 나라를 대표하는 깃발.

◆ **평화** 싸움이 없어 사이좋고 편안한 상태.

독해 기술 **1** 밑줄 친 가리킴 말이 '가리키는 대상'에 ○표 하세요.

> 빨간색과 파란색의 태극 무늬가 있습니다. <u>이 무늬</u>는 우주가 조화롭게 잘 어우러진 모습을 의미합니다.

2 이 글의 중심 낱말은 무엇인가요? ──────────────── [　　]

① 국기　　　　　　　　　② 태극기

③ 건곤감리　　　　　　　④ 우리나라

3 이 글의 중심 내용은 무엇인가요? ──────────────── [　　]

① 태극기에 담긴 뜻

② 태극기를 다는 방법

③ 태극기를 그리는 방법

④ 태극기와 다른 국기와의 차이점

4 이 글의 내용과 맞으면 '예', 틀리면 '아니요'에 색칠하세요.

(1) 우리나라의 국기는 태극기이다. ──────── | 예 | 아니요 |

(2) 태극기의 네 모서리에는 '건곤감리'가 있다. ──── | 예 | 아니요 |

(3) '태극 무늬'는 빨간색과 검은색으로 이루어져 있다.

──────────────────────────── | 예 | 아니요 |

5 태극기에 쓰인 색을 모두 찾아 '○'표 하세요.

6 아래 빈칸의 낱말을 따라 쓰면서 이 글의 내용을 정리해 보세요.

> 우리나라의 국기는 태극기 이다. 태극기는 하얀 색 바탕 위에 건곤감리 와 태극 무늬로 이루어져 있다. 태극기에는 모든 것들이 서로 어울려서 평화 로운 나라가 되었으면 하는 마음이 담겨 있다.

확인

독해 적용

29회

무지개는 어떻게 생길까요?

독해가
쉬워지는
낱말

» 다음 낱말 카드를 보고, 빈칸에 알맞은 낱말을 써 보세요.

무지개	굴절	물방울

1. 비가 그치고 아름다운 ⬜⬜⬜ 가 떴습니다.

2. 물속의 빨대는 빛의 ⬜⬜ 때문에 꺾여 보입니다.

3. 나뭇잎에 ⬜⬜⬜ 이 맺혀 있습니다.

독해가
쉬워지는
한마디

　　비가 그친 뒤 하늘에 뜬 무지개를 본 적이 있을 거예요. 무지개는 왜 비가 내린 뒤에 볼 수 있을까요? 무지개가 어떻게 생기는지 알아보아요.

» 다음 글을 읽고 질문에 답하세요.

비가 그친 뒤 하늘에 무지개가 나타납니다. 일곱 색깔 무지개는 매우 아름답습니다. 이 무지개는 어떻게 생길까요?

무지개가 생기는 까닭을 알기 위해서는 '빛의 ◆굴절'에 대해 알아야 합니다. 공기 중에서 앞으로 나아가던 빛은 물이나 유리를 지나면서 방향이 꺾입니다. 이것을 '빛의 굴절'이라고 합니다. 빛의 굴절을 일으키는 과학 도구로는 '◆프리즘'이 있습니다.

㉮ 햇빛을 프리즘에 비추면 어떻게 될까요? 햇빛이 프리즘을 지나면 빛의 방향이 꺾이면서 여러 가지 색깔의 빛으로 나뉘어 펼쳐집니다. 우리 눈에 보이진 않지만, 햇빛은 여러 가지 색깔의 빛으로 이루어졌기 때문입니다. 이 빛들은 꺾이는 정도가 달라서 가장 적게 꺾이는 빨간색부터 주황색, 노란색, 초록색, 파란색, 남색, 그리고 가장 많이 꺾이는 보라색 순서로 우리 눈에 보입니다.

▲ 프리즘에 비춘 햇빛

이와 같은 원리로 무지개가 생깁니다. 비가 그친 뒤 하늘에는 물방울이 많습니다. 이 물방울이 프리즘의 역할을 합니다. 햇빛이 물방울을 지나면서 빛이 굴절되어 무지개가 나타나는 것입니다.

꼭 비가 그친 뒤가 아니어도 물방울이 많은 곳에서는 무지개를 볼 수 있습니다. 예를 들어 물이 콸콸 쏟아져 내리는 폭포에서도 무지개를 볼 수 있습니다. 무지개가 생기는 방법을 알고 무지개를 본다면 더욱 아름답게 볼 수 있겠죠?

◆ **굴절** 휘어서 꺾임.

◆ **프리즘** 빛을 굴절시킬 때 쓰는 유리 등으로 만들어진 도구.

독해 기술 **1** 밑줄 친 가리킴 말이 '가리키는 대상'에 ○표 하세요.

> 일곱 색깔 무지개는 매우 아름답습니다. 이 무지개는 어떻게 생길까요?

2 이 글의 중심 낱말은 무엇인가요? ────────────────────── [　　]

① 비　　　　　② 햇빛　　　　　③ 무지개　　　　　④ 프리즘

3 ㉮에 나타난 내용으로 옳은 것은 무엇인가요? ────────────── [　　]

① 햇빛은 프리즘을 지나면서 빛의 방향이 꺾이지 않는다.

② 햇빛을 프리즘에 비추면 햇빛은 여러 가지 색의 빛으로 나뉜다.

③ 햇빛은 한 가지 색으로 이루어져 있다.

④ 프리즘에 햇빛을 비추면 보라색이 가장 적게 꺾인다.

4 이 글을 읽고 빈칸에 알맞은 색깔을 써 보세요.

> 햇빛을 프리즘에 비추면 빛이 굴절되면서 여러 가지 색의 빛으로 나뉜다. 여러 가지 색의 빛 중 가장 많이 꺾이는 빛의 색은 (1)□□□ 색이고 가장 적게 꺾이는 색은 (2)□□ 색이다.

5 이 글을 바르게 이해한 친구는 누구인가요? ————————————— [   ]

① 상아: 프리즘은 물건을 자르는 과학 도구야.

② 상혁: 햇빛은 빨간색의 빛으로만 이루어져 있어.

③ 윤아: 물방울은 프리즘과 같은 역할을 하는구나.

④ 윤혁: 물방울이 많은 폭포에서는 무지개를 볼 수 없겠네.

6 아래 빈칸의 낱말을 따라 쓰면서 이 글의 내용을 정리해 보세요.

> 햇 빛 은 여러 가지 색의 빛으로 이루어져 있다. 햇빛이
> 프 리 즘 역할을 하는 물 방 울 을 지나면서
> 빛이 굴 절 되어 여러 가지 색의 빛으로 나뉜다. 이 빛이
> 우리 눈에 무지개로 보이는 것이다.

확인

독해 적용

30회

골짜기로 내려간 여우 하퀸 _ 존 버닝햄

**독해가
쉬워지는
낱말**

» 다음 낱말 카드를 보고, 빈칸에 알맞은 낱말을 써 보세요.

여우	사냥	골짜기

1. ☐☐ 는 길고 굵은 꼬리가 있는 동물입니다.

2. 동물의 고기, 털과 가죽을 얻기 위해 ☐☐ 을 합니다.

3. 맑고 깨끗한 물이 ☐☐☐ 를 따라 흐릅니다.

**독해가
쉬워지는
한마디**

　산꼭대기에 사는 여우 '하퀸'은 왜 골짜기로 내려갔을까요? 이야기를
읽고 생각해 보아요.

» 다음 글을 읽고 질문에 답하세요.

이 이야기는 여우 하퀸의 이야기예요.

하퀸은 식구들과 같이 어느 산꼭대기에서 ✦평화롭게 살고 있었어요. 이따금 땅 주인과 ✦사냥터지기가 여우 사냥을 하러 왔지만, 거기에 하퀸네 식구들이 살고 있는 줄은 꿈에도 몰랐죠.

엄마 아빠는 어린 여우들에게 곧잘 일렀어요.

"얘들아, 산 위에서만 놀고 골짜기에는 절대로 내려가지 마. 혹시라도 사냥꾼들이 보고 쫓아오면, 다들 위험해질 테니까."

하지만 하퀸은 산 위에서만 노니까 심심했어요.

그래서 모두가 잠든 밤에 몰래 골짜기로 내려가곤 했죠.

골짜기에는 재미있는 게 많았어요.

하퀸은 곧잘 꽃밭에서 꽃향기를 맡았어요.

— 존 버닝햄/안만희 옮김, 「하퀸: 골짜기로 내려간 여우」

✦ **평화** 싸움이나 갈등이 없이 무사하고 안전함. 또는 그런 상태.

✦ **사냥터지기** 사냥하는 곳을 지키고 관리하는 사람.

독해 기술 **1** 밑줄 친 가리킴 말이 '가리키는 대상'에 ○표 하세요.

> 엄마 아빠는 어린 여우들에게 곧잘 일렀어요.
> "<u>얘들아</u>, 산 위에서만 놀고 골짜기에는 절대로 내려가지 마."

2 서로 반대되는 뜻을 지닌 낱말끼리 선으로 연결해 보세요.

(1) 산꼭대기 •   • ㄱ. 위험하다

(2) 평화롭다 •   • ㄴ. 재미있다

(3) 밤   •   • ㄷ. 골짜기

(4) 심심하다 •   • ㄹ. 낮

3 엄마 아빠 여우가 어린 여우들을 골짜기로 못 가게 한 까닭은 무엇인가요? [   ]

① 골짜기에는 먹을 것이 없어서

② 사냥꾼이 쫓아오면 다들 위험해져서

③ 산꼭대기에서 골짜기까지 가기에 너무 멀어서

④ 골짜기가 아름다워서 산꼭대기를 싫어하게 될까봐

4 '하퀸'이 한 행동으로 알맞지 <u>않은</u> 것은 무엇인가요? [   ]

① 산꼭대기에서 식구들과 평화롭게 살았다.

② 산 위에서만 놀아도 재미있었다.

③ 밤에 몰래 골짜기로 내려갔다.

④ 골짜기에 있는 꽃밭에서 꽃향기를 맡았다.

5 이야기를 읽고 친구들이 대화를 나누었습니다. 이야기의 내용을 잘 이해하지 <u>못한</u> 친구는 누구인가요? ──────────────── [   ]

① 홍빈: '하퀸'은 심심한 걸 참기 어려워하는 것 같아.

② 찬식: 사냥꾼이 쫓아오면 얼마나 무서울지 상상이 안 돼.

③ 신비: 엄마 아빠는 어린 여우들에게 늘 조심하라고 했어.

④ 은우: '하퀸'은 골짜기에 가고 싶었지만 밤에는 무서워서 못 나갔어.

6 아래 빈칸의 낱말을 따라 쓰면서 이 글의 내용을 정리해 보세요.

| 여 | 우 | 하퀸네 식구들은 어느 | 산 | 꼭 | 대 | 기 |

여 우 하퀸네 식구들은 어느 산 꼭 대 기
에서 살고 있었다. 엄마, 아빠 여우는 어린 여우들에게
사 냥 꾼 이 쫓아오면 위 험 하니까 절대로
골 짜 기 에 내려가지 말라고 일렀다. 하지만 '하퀸'은
산 위에서만 노는 것이 심심해서 밤에 몰래 골짜기로 내려갔다.

확인

·자신감 스티커·

독해력 자신감을 풀 때마다 '독해 일지'에 스티커를 붙여 학습 만족도를 확인하세요.

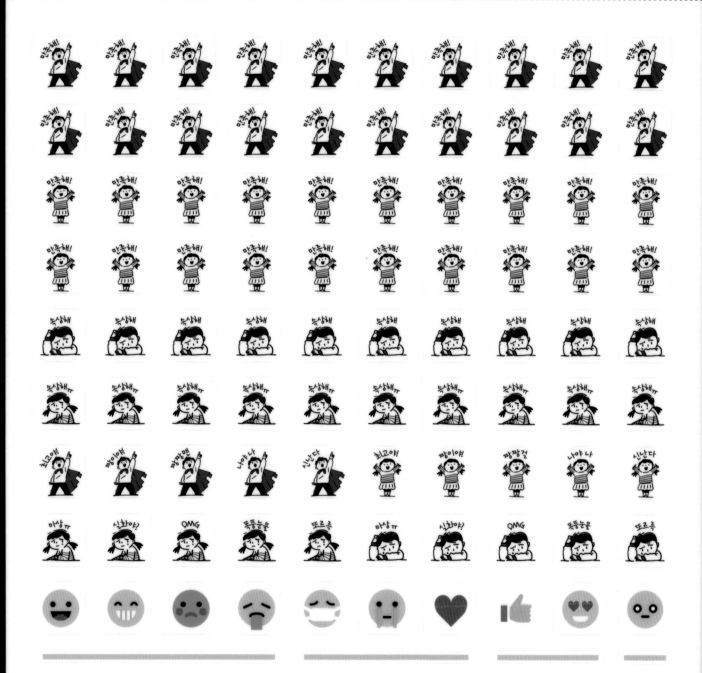

지학사

하루 10분 독서
미래를 바꾸는 월간지
독서평설

모든 공부의 시작은 독해력입니다.
근본 있는 공부의 자신감,
독서평설이 여러분과 함께합니다.

모바일 간단 신청

구독 문의 02-3142-2002 (평일 오전 9시 ~ 오후 5시) / www.dokpyeong.co.kr

독서평설첫걸음
7세부터 초3까지
독서 습관 만들기

초등독서평설
독서가 재밌다,
공부가 쉽다!

중학독서평설
든든한 배경지식,
공부의 자신감

고교독서평설
최고의 필진,
수능 비문학 올킬

물음표로 **생각의 크기**를 키우고, **고전**으로 **인문학**을 배운다!

물음표로 따라가는
인문고전

전 20권 완간

글 **박진형 외** | 그림 **이현주 외** | 각 권 값 11,000~13,500원

박씨전 / 흥부전 / 운영전 / 허생전 / 심청전 / 토끼전 / 홍길동전 / 금오신화 / 구운몽 / 춘향전 / 장화홍련전
최척전 / 이춘풍전 / 홍계월전 / 한중록 / 전우치전 / 삼국유사 / 바리데기 / 사씨남정기 / 임진록

2017 올해의 청소년 교양도서 대한출판문화협회·한국출판문화진흥재단 선정

2018, 2020 북토큰 선정도서

2018, 2019 아침독서 추천도서

한국어린이 교육문화연구원 으뜸책

물음표, 생각의 크기를 키우다

배경지식이 쌓이고 생각이 자라납니다.

고전과 인문학의 다리를 놓다

고전으로 토론하고, 다른 작품을 함께 살펴봐요.
생각의 폭이 넓어집니다.

지학사아르볼

초등 국어 **1** 단계

정답과 해설

자신감 상승!!!

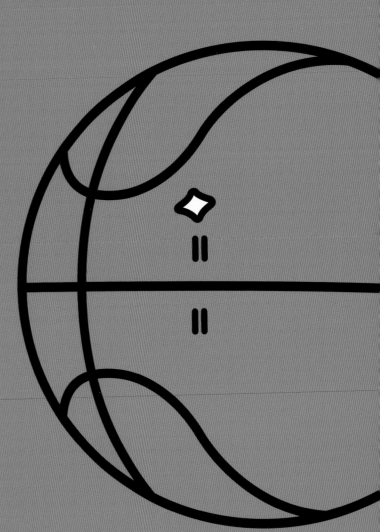

지학사

독해력 자신감 초등 1단계

올바른 공부법

1주차

독해 기술

1회 문장의 머리와 꼬리 찾기

따라서 풀어보기 8쪽

01	토끼가 당근을 먹습니다.
02	해환이는 기뻐서 웃어요.
03	한여름이가 놀이터에 올까?
04	승하가 3등을 찾구나!
05	물고기는 어디에서 살개?
06	금붕어가 어항에서 헤엄칩니다.

신나게 연습하기 9쪽

01	나는 에나입니다.
02	날씨가 덥습니다.
03	우리는 놀이터에 가요.
04	나와 오빠는 수영을 좋아해요.
05	오빠는 물병에 물을 담아요.
06	오빠가 간식을 챙겼을까?
07	우리는 학교에 걸어가요.
08	사람들이 수영장에 많습니다!

쓰기로 완성하기 10쪽

01	수영은 물속에서 헤엄을 치는 일입니다. 꼬리
02	우리는 수영하기 전에 준비운동을 합니다. 꼬리
03	수영장은 물기가 많아서 미끄럽습니다. 머리
04	찬우와 나는 수영장에서 물을 마셨습니다. 꼬리

고운 말을 사용해요

독해

거친 말의 문제점을 알고 고운 말을 사용하자.

[말은 어린이가 아무렇지 않게 거친 말을 합니다. 친구를 따라서, 강해 보이기 위해서, 또는 재미를 위해서 말입니다. 하지만 이런 말은 듣는 사람에게 마음의 상처를 줍니다.] → 거친 말의 문제점

[왜 고운 말을 사용해야 할까요? '싫어', '미워', '어쩌라고' 같은 거친 말을 들으면 기분이 나빠지만, '고마워', '사랑해', '괜찮아'와 같은 고운 말을 들으면 기분이 좋습니다. 또 고운 말을 쓰면 친구와 사이좋게 지낼 수 있습니다. 고운 말은 대화를 부드럽게 이어 주며, 서로가 *존중받는 느낌을 주기 때문입니다.] → 고운 말을 사용해야 하는 까닭

[이처럼 말에는 보이지 않는 힘이 있습니다. <u>그러므로 고운 말을 사용하도</u> <u>록 노력합시다.</u>] → 고운 말을 사용하자
글 전체의 중심 문장

1 문장의 머리는 '누구'에 해당하는 '어린이들이'이고, 문장의 꼬리는 '어 찌하다'에 해당하는 '합니다.'입니다.

2 이 글은 거친 말과 고운 말을 비교하여 고운 말을 사용하도록 당부하는 글입니다. 따라서 이 글의 중심 낱말은 '말'입니다.

1 고운 말 2 대화
3 기분

1 어린이들아 아무렇지 않게 거친 말을 합니다. 2 ①
3 ① 4 (1) 오른쪽 (2) 왼쪽 5 해설 참조 6 (생략)

3 이 글에서 글쓴이가 가장 하고 싶은 말은 마지막 문장에 나타나 있습 니다.

오답풀이 ② '대화를 많이 나누자는 이야기는 하고 있지 않습니다.
③ '말'로 인한 상처를 받을 수 있다고 했지만 이것이 글쓴이가 가장 하 고 싶은 말은 아닙니다.
④ 2문단에서 고운 말을 사용해야 하는 까닭 중 하나로 고운 말을 들으 면 기분이 좋다고 말하고 있습니다. 근거로 제시될 뿐 글쓴이가 가장 하고 싶은 말은 아닙니다.

4
정답

(1) 거친 말	(2) 고운 말

5 거친 말은 듣는 사람의 마음에 상처를 주고 기분을 나쁘게 한다고 했습 니다. 그리고 고운 말은 기분을 좋게 한다고 했습니다.

정답 (1) 예 (2) 아니요 (3) 예 (4) 아니요 (5) 예 (6) 예

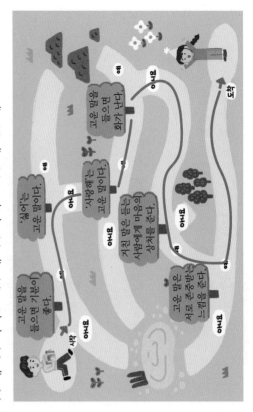

학급 회의를 해요

15쪽		17~18쪽	
1 회의	2 발표	1 ㉠는 술래잡기를 했다	2 예의
3 약속		3 ② 4 ④ 5 다온 6 (생략)	

친구들과 놀 때도 예의를 지키자.

20○○년 ○○월 ○○일 ○요일   날씨: 맑음

오늘 학교에서 학급 회의를 했다.① 왜냐하면 점심시간에 운동장에서 술래잡기를 하다가 친구들 사이에 일이 생겼기 때문이다. 가영이가 민주를 찾아내며 이름 대신 별명인 '만두'로 부른 것이다.③ 너무 웃겨서 우리 반 모두가 크게 웃자 민주의 얼굴이 ㉠ 일그러졌다. 즐겁던 분위기도 갑자기 어색해졌다. [→ 점심시간에 있었던 일]

이 일로 '학급 회의를 열어 친구들과 놀 때의 예의에 대해 이야기했다. 가 (중심 낱말) 우리 반에서 회의가 열린 까닭 영이는 '친구들끼리 놀 때는 재미를 위해서 예의를 갖추지 않아도 괜찮다.'고 발표했다. [→ 학급 회의가 열린 까닭과 가영이의 의견]

'내가 민주였더라면 어땠을까?' 하고 생각해 보니, 싫어하는 별명을 듣는 → 나의 의견 민기본이 상할 것 같았다.④ 그래서 나는 '친구가 기분 나빠하면 즐겁게 해줄 수 없으므로 친구 사이에도 예의를 갖추어야 한다.'고 발표했다. [ ] 글쓴이의 중심 문장

반 친구들도 내 말에 고개를 끄덕였다. 우리는 친구들과 놀 때도 예의를 갖추기로 약속하고 학급 회의를 마쳤다. [→ 회의 결과로 정해진 약속]

1 문장의 머리는 '누가'에 해당하는 '나는'이며, 문장의 꼬리는 '어찌하다'에 해당하는 '했다.'입니다.

2 2문단에서 '친구들과 놀 때의 예의'에 대한 회의가 열린 것을 알 수 있습니다.

3 이 글에서 민주에게 미안하다고 말한 것은 알 수 없습니다.
오답풀이 초록색 부분에서 ①, ③, ④를 확인할 수 있습니다.

4 '일그러지다'는 얼굴이 비뚤어지거나 우글쭈글해진다는 뜻입니다. 별명을 듣고 표정이 일그러진 상황으로 보아 민주가 속상한 것을 알 수 있습니다.

5 친구들이 민주의 별명을 부르고, 민주가 속상해하면서 학급 회의가 열렸습니다. 그리고 학급 회의 결과로 친구들과 놀 때에도 예의를 갖추기로 약속했습니다. 따라서, '친구가 기분 나빠하는 행동은 하면 안 된다.'고 말한 다온이가 학급 회의에서 한 약속을 가장 잘 이해하고 있습니다.

19쪽

1 자동차　2 석유
3 운전

21~22쪽

1 미래의 자동차는 어떤 모습일까요?
2 ①　　　　3 ③
4 ①
5 (1) 오른쪽 (2) 오른쪽
6 (생략)

독해 적용
4회

자동차의 멋진 변신

미래의 자동차의 모습

［ 우리는 자동차를 이용해 빠르고 편하게 움직일 수 있습니다. 과학 기술이 발전하면서 자동차의 모습이 변하고 있습니다. 미래의 자동차는 어떤 모습일까요? ］→ 과학 기술의 발전에 따라 변하고 있는 자동차 중심 낱말

①우리가 타는 보통의 자동차는 석유를 태워 에너지를 만듭니다. 석유가 탈때는 •배기가스가 나와 환경을 오염시킵니다. 그런데 최근에는 전기를 에너지로 쓰는 자동차가 늘어나고 있습니다. 환경 오염이 심해지면서②전기 자동차가 미래의 자동차로 주목을 받고 있습니다. ］→ 전기 자동차의 특징

［ 또한, 지금까지는 사람이 자동차를 운전해야만 했습니다. 그러나 앞으로 사람이 운전하지 않아도 스스로 움직이는 자율주행 자동차가 늘어날 것입니다. 이 자동차는 사람의 명령을 내리면 스스로 움직여 목적지까지 데려다줍니다. 편리할 뿐만 아니라 운전 실수로 생기는 교통사고를 막을 수 있습니다.④스스로 움직이는 것은 먼 미래의 이야기가 아닙니다.③환경을 오염시키지 않고, 안전하기까지 한 자동차를 만나는 날이 성큼성큼 다가오고 있습니다. ］→ 자율주행 자동차의 특징

이미, → 미래의 자동차의 모습

---

1 문장의 머리는 '무엇이'에 해당하는 '미래의 자동차는'이고, 문장의 꼬리는 '어떠하다'에 해당하는 '모습일까요'입니다.

2 이 글은 이미 개발되고 있는 미래의 자동차의 특징에 대한 글로, 즉 '미래의 자동차의 모습'에 대한 글입니다.

3 2문단에서 전기 자동차는 이미 개발되어 최근에 그 사용량이 늘어나고 있는 것을 알 수 있습니다.

4 초록색 부분에서 ①~④를 확인할 수 있습니다. ① 석유를 에너지로 움직이는 자동차는 현재의 자동차이므로 미래의 자동차로 보기 어렵습니다.

5

정답

(1) 전기 자동차

(2) 자율주행 자동차

2문단에서 전기 자동차는 배기가스를 만들어 내지 않아 환경 오염을 시키지 않는다고 했습니다.

3문단에서 자율주행 자동차는 사람의 명령에 따라 자동차가 스스로 움직인다고 했습니다.

5회

독수리_ 최승호

지문 영역

- 제재: 독수리
- 주제: 독수리의 생김새와 이름을 이용한 말놀이
- 특징: '독수리'와 '마수리'에서 같은 말 '수리'를 찾아 되풀이하며 재미를 더했다.

수리 수리 독수리
눈 *부리부리한 독수리

수리 수리 독수리
발톱 무시무시한 독수리

독수리야 내 마법사 해라
*주문을 열려 줄게

수리 수리 마수리
수리 수리 마수리

23쪽

1 독수리, 발톱
2 마법사

25~26쪽

1 ㉡ 마법사 해라 2 ③ 3 ②
4 (1) 예 (2) 아니요 (3) 아니요 5 ④ 6 (생략)

1 문장의 머리는 '누구'에 해당하는 '내'이며, 문장의 꼬리는 '어찌하다'에 해당하는 '해라'입니다.

2 이 시는 독수리의 생김새와 함께 말놀이를 보여 주고 있습니다. 따라서 이 시의 중심 낱말은 '독수리'입니다.

3 초록색 부분에서 알 수 있듯이 이 시에서 반복되는 낱말은 '수리'입니다. '수리 수리 독수리', '수리 수리 마수리'와 같이 쓰여 재미를 더합니다.
오답풀이 ①, ③, ④는 한 번씩만 나옵니다.

4 (1) 이 시에서 독수리는 눈이 부리부리한 것을 알 수 있습니다.
(2) 이 시에서 지은이는 독수리에게 마법사가 되라고 했습니다.
(3) 이 시에서 지은이가 독수리에게 알려 준 주문은 '수리 수리 마수리'입니다.

5 이 시에 쓰인 말놀이는 독수리의 끝말인 '리'를 이용한 것입니다. '사슴'은 이름이 '리'로 끝나는 동물이 아닙니다.
오답풀이 ① 개구리, ② 너구리, ③ 코끼리는 모두 이름이 '리'로 끝나는 동물입니다.

27쪽 독해력으로 명탐정 되기!

정답〉 ① 소비 ② 믿음

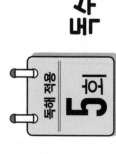

문장의 몸통 찾기

	따라서 풀어보기	30쪽
01	지호는 구멍을 파요.	
02	지호는 씨앗을 뿌려요.	
03	지호는 흙을 덮어요.	
04	지호는 물을 부어요.	
05	지호는 꽃밭을 보살펴요.	
06	씨앗이 해바라기가 되었어요.	

	신나게 연습하기	31쪽
01	재환이는 할머니 댁에 갔어요.	
02	우리는 떡을 만들어요.	
03	아빠가 밤껍질을 까요.	
04	재환이는 재료를 섞어요.	
05	할머니가 떡 반죽을 만들어요.	
06	재환이와 할머니는 송편을 빚어요.	
07	재환이와 형은 추석 음식을 먹어요.	
08	재환이는 전통 놀이를 좋아해요.	

	쓰기로 완성하기	32쪽
01	지수와 하나는 도서관에 갑니다. 머리 몸통	
02	우리는 도서관에서 만나요. 머리 몸통	
03	어린이들은 도서관 1층 열람실을 이용해 몸통 꼬리 요.	
04	지수는 옛날 이야기책을 읽어요. 몸통 꼬리	

독해 적용 7회

사막에는 누가 살까요?

사막에 사는 식물, 동물의 모습과 사람들의 생활 모습

햇볕이 쨍쨍 내리쬐고 비가 거의 오지 않는 사막은 모래나 돌로 뒤덮인 메마른 땅입니다. 기대가 하루 동안 "기온이 심하게 오르내리락합니다.

낮에는 한여름처럼 뜨겁고 밤에는 한겨울처럼 춥습니다. 때로는 모래바람이 거세게 붑니다.] → 사막의 날씨

이런 사막에서 살아가는 식물과 동물이 있습니다. 이들은 사막에서 살기에 알맞도록 점점 모습이 변해 왔습니다. 선인장은 물기가 빠져나가지 못하게 잎이 가시 모양으로 변했습니다. 낙타는 등이 불룩 튀어나오게 변했습니다. 그 속에 지방을 쌓아 두었다가 물과 먹이가 모자랄 때 씁니다. 또 낙타의 눈썹은 매우 길어 거센 모래바람으로부터 눈을 지켜 줍니다. 낙타는 사막에서 중요한 동물입니다. 사람들이 먼 길을 오갈 때 타고 다닐 수 있기 때문입니다.] → 사막에 사는 식물과 동물

사막에 사람도 살까요? 물론입니다. 사람들은 "오아시스 주변에 마음을 이루고 물과 먹을거리를 얻습니다.] → 사막에 사는 사람들의 생활 모습

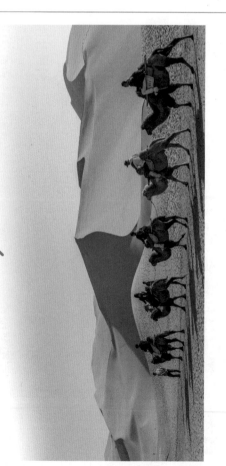

1 문장의 머리는 '누가'에 해당하는 '사람들은'이고, 문장의 꼬리는 '어찌하다'에 해당하는 '탑니다'입니다. 머리와 꼬리 사이에서 중요한 내용을 담고 있는 '낙타를'이 몸통입니다.

2 이 글은 메마른 사막에서 살아가는 식물과 동물의 모습과 사람들의 생활 모습을 설명하고 있습니다. 따라서 이 글이 설명하는 곳은 '사막'입니다.

3 1문단에서 사막의 날씨를 알 수 있으며(우주), 2문단에서 사막에 사는 식물을 알 수 있습니다(은하). 그리고 3문단에서 사막에 사는 사람들은 오아시스 주변에 모여 산다는 것을 알 수 있습니다. 따라서 이 글을 잘못 이해한 친구는 지호입니다.

4 이 글의 내용을 통해 '선인장', '낙타', '사람'이 사막에서 살고 있음을 알 수 있습니다.
오답풀이 이 글에서 돌고래가 사막에서 살고 있음을 알 수 없으며, 돌고래는 바다에서 사는 동물입니다.

5 3~4문단의 내용을 통해 다섯 고개 놀이의 정답이 '낙타'인 것을 알 수 있습니다.

친구와 사이좋게 지내요

친구와 사이좋게 지내는 방법을 알아보고, 친구와 사이좋게 지내자.

우리는 학교에서 친구들과 함께 지냅니다. 공부하고, 놀고, 밥도 같이 먹습니다. 그런데 내 이야기만 하고 제멋대로 행동하면 친구들이 싫어할지도 모릅니다. 친구와 사이좋게 지내려면 어떻게 해야 할까요? 〔글 전체의 중심 문장〕

첫째, 친구의 이야기를 잘 들어줘야 합니다. 친구가 하고 싶은 놀이나 친구가 좋아하는 음식 등 친구의 이야기를 귀기울여 듣기가 쉽습니다. 〔친구와 사이좋게 지내는 방법 ① 친구의 이야기를 잘 들어줌.〕

둘째, 친구가 어려움에 놓이면 도와줍니다. 이럴 때는 친구가 '입장을 바꾸어 생각해 보면 도와줄 방법을 찾을 수 있습니다. 예를 들어, 다친 친구를 보건실까지 데려다주거나, 친구에게 준비물을 빌려줄 수 있습니다. 〔친구와 사이좋게 지내는 방법 ② 친구를 도와줌.〕

셋째, 친구에게 상냥하게 대합니다. 짜증을 내거나 나빠집니다. 아침에 학교에서 오면 "안녕?"하고 웃으며 인사해 봅니다. 친구에게 무언가를 가르쳐 줄 때는 잘난 척하지 말고 진정하게 알려 줍니다. 〔친구와 사이좋게 지내는 방법 ③ 친구에게 상냥하게 대한다.〕

이렇게 하면, 친구들과 사이가 점점 좋아질 것입니다. 그리고 학교생활도 즐겁게 할 수 있습니다. 〔친구와 사이좋게 지내기 위한 노력의 결과〕

37쪽

1 학교　　2 인사
3 친구

39~40쪽

1 나는 친구의 이야기를 들어줍니다.　　2 ③
니요 (2) 예 (3) 예　　5 ③　　3 (1) 아
니요　　4 어린　　6 (생략)

1 문장의 머리는 '누가'에 해당하는 '나는'이고, 문장의 꼬리는 '어찌하다'에 해당하는 '들어줍니다.'입니다. 머리와 꼬리 사이에에서 중요한 내용을 담고 있는 '친구의 이야기를'이 몸통입니다.

2 이 글은 '친구와 사이좋게 지내는 방법'을 알려주는 글입니다.

3 이 글에서 친구와 사이좋게 지내는 방법 세 가지를 알 수 있습니다. 친구들과 사이좋게 지내려면 친구의 이야기를 잘 들어주고, 친구가 어려움에 놓이면 도와주며, 친구에게 상냥하게 대해야 합니다. 따라서 (1) '친구에게 내 이야기만 한다.'는 이 글에서 설명하는 친구와 사이좋게 지내는 방법이 아닙니다.

4 4문단에서 친구에게 무언가를 알려 줄 때는 잘난 척하지 말고 진정하게 알려 주어야 한다고 했습니다. 따라서 어린이의 행동이 바르지 않습니다.

5 이 글의 내용으로 미루어 보아 친구와 사이좋게 지내기 위해서는 지은이에게 '상냥하게 인사하는 것'이 좋습니다.
오답풀이 초록색 부분에서 ①, ②, ④의 내용을 확인할 수 있습니다.

독해 적용
9회

겨울이 만든 아름다운 보석

눈이 만들어지는 과정과 눈 결정의 모양이 다양한 까닭

추운 겨울에는 하늘에서 눈이 내립니다. 눈은 어떻게 만들어질까요?

구름 속의 ＊수증기는 차가운 공기를 만나면 얼어붙습니다. 이런 얼음 알갱이들이 모여 눈송이를 이룹니다. 눈송이가 커져서 무거워지면 땅으로 떨어집니다. 이것을 '눈이 내린다.'고 합니다. **→ 눈이 만들어지는 과정**

눈송이를 현미경으로 들여다보면 투명하고 다양한 모양의 얼음 알갱이를 볼 수 있습니다. 이것을 '눈 결정'이라고 합니다. 눈 결정의 모양은 단순한 육각형에서부터 별 모양, 나뭇가지 모양, 꽃 모양까지 매우 다양하고 아름답습니다. 사람들은 이렇게 아름다운 눈 결정을 가리켜 ㉠겨울이 만든 보석'이라고 부릅니다. **→ 다양하고 아름다운 눈 결정**

눈 결정의 모양이 다양한 까닭은 무엇일까요? 바로 구름 주변의 온도와 ＊습도가 달라서입니다. 온도가 낮고 습도가 높을수록, 결정이 빠르게 자라며 복잡한 모양을 띱니다. **→ 눈 결정의 모양이 다양한 까닭**

41쪽

1 눈송이 2 구름
3 육각형

43~44쪽

1 눈이 하늘에서 내립니다.
2 ④   3 차가운
4 (1) 아니요 (2) 아니요 (3) 예
5 (1) ㄴ (2) ㄱ   6 (생략)

1 문장의 머리는 '누가'에 해당하는 '눈이'이고, 문장의 꼬리는 '어찌하다'에 해당하는 '내립니다.'입니다. 머리와 꼬리 사이에서 내용을 담고 있는 '하늘에서'가 몸통입니다.

2 ㉠의 앞부분에 '눈 결정'을 가리켜 '겨울이 만든 보석'이라고 부르는 설명이 있습니다.

3 이 글에서 구름 속의 수증기는 '차가운' 공기를 만나면 얼어붙어 얼음 알갱이들이 된다는 것을 알 수 있습니다.

4 초록색 부분에서 (1), (2), (3)의 내용을 확인할 수 있습니다.
작은 눈송이를 현미경으로는 눈 결정을 드러낸다고 했으므로 (1)은 틀린 내용입니다.
그리고 눈 결정의 모양이 아주 다양하다고 했으므로 (2)도 틀린 내용입니다.
3문단에서 눈 결정의 모양이 다양한 까닭은 구름 주변의 온도와 습도가 다르기 때문이라고 했으므로 (3)은 맞는 내용입니다.

5 (1)의 눈 결정은 '육각형 모양', (2)의 눈 결정은 '별 모양과 닮았습니다.

(1) ㄱ
(2) ㄴ

독해력 자신감 10 정답과 해설

활짝 웃어 볼까요?

웃으면 좋은 까닭을 알아보고, 많이 웃으면서 지내도록 하자.

[오늘 하루는 얼마나 웃으며 보냈나요? 흔히 '많이 웃으면 좋다.'고 합니다. 왜 그런 것일까요?] → 웃으면 좋은 까닭 소개

[첫째, 웃으면 몸이 튼튼해집니다. 우리는 웃을 때 얼굴을 활짝 펴서 "하하하!" 소리를 내거나, 몸을 들썩이며 "깔깔깔!" 순발을 치기도 합니다. 이때 몸의 수많은 <u>그육을 움직이며 에너지를 씁니다. 또 몸 구석구석까지 *산소</u>가 전해집니다. 마지 운동할 때처럼 말입니다.] → 웃으면 좋은 까닭 ① 우리의 몸이 튼튼해짐.

[둘째, <u>웃으면 스트레스를 줄일 수 있습니다.</u> 한바탕 웃고 나서 붙안한 마음이 사라진 적이 있을 것입니다. 웃을 때 몸에서 기분을 좋게 만드는 물질이 나와 마음을 편안하게 해 주기 때문입니다.] → 웃으면 좋은 까닭 ② 스트레스를 줄일 수 있음.

[셋째, 웃으면 나쁜 아니라 옆 사람의 기분까지 좋아집니다. <u>(3)누가 웃으면</u> 따라서 웃게 되기 때문입니다. 또 이렇게 웃고 나면 사이가 가까워진 듯한 느낌도 듭니다.] → 웃으면 좋은 까닭 ③ 옆 사람의 기분도 좋게 함.

[이처럼 우리 생활에 웃음이 꼭 필요합니다. "웃으면 복이 온다."라는 말이 있듯이, 많이 웃을수록 더욱 행복해질 것입니다. <u>오늘 하루도 많이 웃도록 합시다.</u>] → 웃음이 필요한 이유 강조

글 전체의 중심 문장

독해력 자신감 ‖ 정답과 해설

45쪽

1 웃음 2 운동
3 스트레스

47~48쪽

1 우리는 <u>소리 내어</u> 웃습니다. 2 ③ 3 ②
4 (1) 예 (2) 아니요 (3) 예 5 ③ 6 (생략)

1 문장의 머리는 '누가'에 해당하는 '우리는'이고, 문장의 몸통은 '어찌하다'에 해당하는 '웃습니다.'입니다. 머리와 꼬리 사이에서 중요한 내용을 담고 있는 '소리 내어'가 몸통입니다.

2 이 글은 웃으면 좋은 점을 설명하여 우리에게 웃음의 필요성을 알려주고 있습니다. 따라서 이 글의 중심 낱말은 '웃음'입니다.

3 글쓴이가 가장 하고 싶은 많은 마지막 문장에서 알 수 있듯이 '웃으면서 지내야 한다.'입니다.

4 초록색 부분에서 (1) 웃으면 근육이 움직여 에너지를 쓰며, (2) 웃으면 스트레스를 줄일 수 있다는 것을 알 수 있습니다. 그리고 (3) 누가 웃으면 따라 웃게 된다는 것을 알 수 있습니다.

5 이 글에서 웃으면 좋은 까닭 세 가지(①, ②, ④)를 알 수 있습니다. 그러나 웃으면 '시험 성적이 오른다'는 것은 알 수 없습니다.

독해력으로 멘탈정 되기!   정답 떡볶이

따라서 풀어보기
52쪽

01	민지는 그림을 그려요.
02	동생은 유치원에 갑니다.
03	오빠는 매일 저녁에 달리기를 해요.
04	나는 오후 5시에 피아노 학원에 가요.
05	나는 친구들과 놀이터에서 놀아요.
06	언니는 공원에서 자전거를 타요.

신나게 연습하기
53쪽

01	형아는 8살이에요.
02	승희는 3월 2일에 초등학교에 입학해요.
03	지아는 주석에 송편을 빚었어요.
04	나리는 운동 소풍을 가요.
05	미호는 오전 9시에 운동장에서 버스를 타요.
06	종수는 점심시간에 친구들과 도시락을 먹어요.
07	지수는 주말에 바다에서 낚시를 했어요.
08	미애는 3교시에 컴퓨터실에서 공부를 해요.
09	영미는 어제 바닷가에서 조개껍데기를 주웠어요.

쓰기로 완성하기
54쪽

01	누가: 지수는
02	언제: 오전 10시에
03	어디에서: 운동장에서

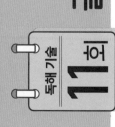

흥겨운 사물놀이

사물놀이에 쓰이는 네 악기와 악기 소리에 대한 느낌

[나는 오늘 가족과 함께 민속촌에서 사물놀이를 구경했어요. 네 사람이 꽤리, 장구, 북을 두드리며 신나게 연주를 펼쳤지요.] → 사물놀이에 쓰이는 악기

["엄마, 악기를 두드려서 소리를 내는 게 신기해요!"

"이렇게 두들겨서 소리를 내는 악기를 '타악기'라고 한단다."] → 타악기에 대한 설명

내가 신기해하자 엄마가 '타악기'라고 알려 주셨어요.

[사물놀이 악기의 소리는 자연을 닮은 것 같았어요. 꽹과리는 '쨍쨍' 하고 크고 날카로운 소리를 냈어요. 마치 천둥 같았는데 쇠로 만들어져서 그런가 봐요. 똑같이 쇠로 만들어졌지만, 징은 꽹과리보다 은은한 소리를 냈어요. 장구와 북은 나무와 가죽으로 만들어졌어요. '덩덩딱딱' 장구 소리는 쏟아지는 비를, '둥둥' 북소리는 구름을 떠올리게 했어요.] → 사물놀이에 쓰이는 네 악기의 소리와 그 느낌

55쪽

1 사물놀이
2 장구, 꽹과리

56~58쪽

1 해설 참조 2 ③ 3 ② 4 (1), (4)
5 (1) ㄴ-b (2) ㄱ-c (3) ㄹ-d (4) ㄷ-a
6 (생략)

2 이 글은 사물놀이를 보고 사물놀이에 쓰이는 네 악기와 그 악기 소리에 대한 느낌을 표현한 글입니다.

3 2문단에서 엄마가 하는 말을 통해 타악기의 뜻을 알 수 있으며, 1문단에서 사물놀이에 쓰이는 악기와 3문단에서 사물놀이 악기의 소리에 대한 느낌을 알 수 있습니다.
오답풀이 이 글에서 ② '사물놀이 하는 방법'은 알 수 없습니다.

4 정답

(1)	(2)
(3)	(4)

오답풀이 (2) 크고 날카로운 소리를 내는 악기는 북이 아니라 꽹과리임니다. (3) 장구와 북은 나무와 가죽으로 만들어졌습니다.

5

(1) ㄱ — a
(2) ㄴ — b
(3) ㄷ — c
(4) ㄹ — d

오답풀이 셋째 부분에서 네 악기의 소리와 악기 소리와 닮았다고 이야기한 자연물을 알 수 있습니다.

---

1 정답

누가	언제	어디에서	사물놀이를 구경했나요?
나는	오늘	민속촌에서	사물놀이를 구경했어요.

달빛 아래 강강술래

강강술래를 하는 방법

[뉴스 진행자] 예로부터 전해 내려오는 민속놀이 중에 강강술래가 있습니다. 추석을 맞아 마을에 강강술래가 벌어진다는데요, 현장에 나가 있는 김진하 기자가 소식을 전하겠습니다. 〔→ 강강술래가 벌어지는 소식 전달〕

[기자] 네, 오늘은 보름달이 뜬 주석입니다. 마을의 넓은 마당에 사람들이 한복을 입고 모였습니다. 환한 달빛 아래 다 같이 손을 잡고 둥글게 서 있습니다.

[뉴스 진행자] 아, 곧 시작하겠군요. 한 사람이 먼저 노래를 시작하면 나머지 사람들이 '강강술래 강강술래'하고 노래를 받아 부르겠지요?

[기자] 그렇습니다. 마침 강강술래가 시작되었습니다. 잠시 노랫소리를 들어 보시죠.

> 달 떠온다 달 떠온다 우리 마을에 달 떠온다
> 강강술래 강강술래
> 하늘에는 별이 총총 *대밭에는 대가 총총
> 강강술래 강강술래

[기자] 이렇게 사람들이 빙글빙글 돌면서 노래를 부르며 춤을 춥니다. 강강술을 하는 사람들의 표정이 너무 즐거워 보입니다. 〔→ 강강술래를 하는 방법〕

---

1 [정답]

강강술래는	누가	언제	어디에서	하는 민속놀이인가요?
강강술래는	사람들이	주석날 밤에	마당에서	하는 민속놀이입니다.

2 이 글은 강강술래를 하는 모습을 뉴스 형식으로 전하는 글입니다. 따라서 이 글의 중심 낱말은 '강강술래'입니다.

3 ㉮에서 강강술래는 (1) 예로부터 전해 내려오는 놀이이고, (2) 여러 사람이 다 같이 손을 잡고 빙글빙글 돌면서 노래를 부르고 춤을 추는 놀이이며, (3) 달이 뜬 밤에 하는 놀이인 것을 알 수 있습니다.

4 이 글을 읽으면 여러 사람이 손을 잡고 빙글빙글 도는 모습이 떠오릅니다. 따라서 이 글을 읽고 떠오르는 장면은 강강술래를 하고 있는 ②번입니다.

5 [정답]

> 달 떠온다 달 떠온다 우리 마을에 달 떠온다
> 강강술래 강강술래
> 하늘에는 별이 총총 대밭에는 대가 총총
> 강강술래 강강술래

초록색 부분에서 다 같이 부르는 부분이 '강강술래 강강술래'인 것을 알 수 있습니다.

여름 날씨는 변덕쟁이

지문

자주 변하는 여름 날씨

20○○년 8월 2일 월요일　날씨: 맑았다가 비가 오더니 다시 맑아졌어요!

아침부터 햇빛이 쨍쨍해 온몸에서 땀이 줄줄 흘렀어요. 선풍기 앞에 있어도 소용없었지요.

"여름은 너무 더워서 싫어요!"

"이럴 땐 맨 바다에 가서 더위를 식혀야지!"

내가 투덜거리자 엄마가 바다에 가자고 했어요. 우리 가족은 서둘러 바다로 떠났지요. ← 더운 여름 날씨를 피하기 위해 바다로 떠남.

드디어 바다에 도착했어요. 나는 수영복으로 갈아입고 준비운동까지 마쳤어요. 그러고는 신나게 바닷물로 뛰어들었지요. 바닷물은 정말 시원했어요.

그런데 갑자기 먹구름이 끼더니 비가 내리지 않겠어요? 얼마나 세차게 쏟아지는지 물 밖으로 나와야만 했어요.

"소나기다! 금방 지나갈 것 같구나."

내가 전속 풀이 죽자 아빠가 답해 주었어요. ← 맑았던 하늘이 흐려지더니 소나기가 옴.

다행히 비가 금방 그쳤어요. 다시 해가 나타나니까 금세 기분이 좋아졌어요. ← 변덕스러운 여름 날씨

여름 날씨는 오늘 내 기분처럼 이랬다저랬다 하는 변덕쟁이 같아요.
← 글 전체의 중심 문장

정답

1

누가	언제	어디에	입니까?
나는	오늘	바다에	갔다.

2 1문단에서 글쓴이와 엄마의 대화를 통해 '더위를 식히기 위해서' 바다에 간 것을 알 수 있습니다.

3 이 글을 살펴보면 햇빛이 쨍쨍하다가 먹구름이 끼더니 비가 내리고 다시 해가 나타나 맑아진 것을 알 수 있습니다.

4 글쓴이가 '여름 날씨도 이랬다저랬다 하는 변덕쟁이 같아요.'라고 한 것에서 그 까닭을 알 수 있습니다. 따라서 여름 날씨를 변덕쟁이라고 한 까닭은 ②입니다.

5 이 글은 글쓴이가 무더운 여름날, 더위를 식히기 위해 가족과 바다에 놀러갔다가 변덕스러운 날씨를 경험하고 쓴 일기입니다. 따라서 이 시기에 가장 잘 어울리는 달력 배경은 해수욕장의 풍경을 묘사한 그림 ②입니다.

오답풀이 ①은 봄, ③은 가을, ④는 겨울의 달력 배경으로 적합한 그림입니다.

독해 적용 15회

호랑이와 곶감

67쪽

1 호랑이 2 사람
3 곶감

69~70쪽

1 해설 참조 2 ① 3 ① 4 ②
5 ④ 6 (생략)

전체

울던 아이가 엄마의 '곶감'이란 말에 울음을 그치고, 이런 엄마의 말을 듣고 놀란 호랑이

㉮ 깊은 산 속에 겨울이 왔어요. 함박눈이 산과 들을 온통 하얗게 덮었어요.
호랑이는 몹시 배가 고팠어요.
"어흥! 아이고 배고파. 어디 먹을 것 좀 없나?"
호랑이는 어슬렁어슬렁 산을 내려갔어요. 멀리 외딴집 불빛이 보였어요.
"으아앙, 잉잉!" → 호랑이가 먹을 것을 찾아 산을 내려 옴.

㉯ 어린아이 울음소리가 들렸어요.
"옳지! 저 집에 먹을 것이 있을지 몰라."
호랑이는 외딴집으로 살금살금 다가갔어요. } → 외딴집에서 아이의 울음소리가 들림.

㉰ "문밖에 호랑이 왔다. 뚝!"
방에서 엄마 목소리가 들렸어요.
"어라? 내가 온 걸 어떻게 알았지?"
호랑이는 깜짝 놀라 눈이 휘둥그레졌어요.
"아이고, 무서워! 뚝!"
하지만 아이는 울음을 그치지 않았어요. } → 호랑이가 왔다는 엄마의 말에도 울음을 그치지 않는 아이

"호랑이가 밖에서 엿듣고 있어, 뚝!"
"으아앙, 잉잉!"
"'어흥!' 하고 답벼들지도 몰라, 뚝!"
"으아앙, 잉잉!"
"너, 정말 계속 울래?"
"으아앙, 잉잉!"
"옜다! 곶감이다, 곶감!"
㉱ 그러자 아이는 울음을 뚝 그쳤어요. → 계속 울던 아이가 곶감이란 말에 울음을 그침.

정답

1

누가	언제	어디에
호랑이가	옛날	깊은 산속에

2 "어흥! 아이고 배고파. 어디 먹을 것 좀 없나?"를 통해 호랑이가 '몹시 배고파서' 먹을 것을 찾아 산 속에서 내려온 것을 알 수 있습니다.

3 글의 마지막 부분에서 울던 아이가 '곶감'이라는 말을 듣고 울음을 그친 것을 알 수 있습니다.

4 호랑이가 아이의 울음소리를 듣고 외딴집에 살금살금 다가가는 장면이므로 ㉰의 내용이 어울립니다.

5 '호랑이는 갑자기 겁이 덜컥 났어요.', '호랑이는 슬금슬금 뒷걸음질을 쳤어요.'로 미루어 보아 '곶감은 나보다 더 무서운 놈인가?'라고 생각한 것을 알 수 있습니다.

실고 있었나요?

살고 있었어요.

71쪽 독해력으로 명탐정 되기!

정답 형

4주차

독해 기술

16회 글의 중요한 내용 알기 ② _ 무엇을, 어떻게, 왜

따라서 풀어보기   74쪽

01	준우는 달리기 연습을 해요.
02	준우는 바다에서 수영을 해요.
03	준우는 신나게 게임을 해요.
04	준우는 공부를 열심히 해요.
05	준우는 건강해지기 위해 운동을 시작했어요.
06	준우는 음악가가 되고 싶어서 피아노를 배워요.

신나게 연습하기   75쪽

01	재환이는 떡자를 먹어요.
02	재환이는 친구들과 줄기놀이를 해요.
03	재환이는 학예회에서 부를 노래를 매일 연습해요.
04	서연이는 걸어서 학교에 가요.
05	서연이는 배스를 타고 소풍을 가요.
06	서연이는 신나는 음악에 맞춰서 춤을 취요.
07	하윤이는 비가 와서 우산을 썼어요.
08	하윤이는 감기에 걸려서 병원에 갔어요.
09	하윤이는 목이 아파서 따뜻한 물을 마셔요.

쓰기로 완성하기   76쪽

01	무엇을: 공부를
02	어떻게: 서둘러
03	왜: 부모님께 어버이날 선물을 드리기 위해

독해력 자신감 **17** 정답과 해설

용돈을 관리해요

77쪽
1 용돈　2 저금
3 계획

79~80쪽
1 해설 참조　2 ③　3 ①　4 시아
5 ①　6 (생략)

정답

1

나는	왜	어떻게	무엇을
나는	용돈을 잘 관리하기 위해서	매일	용돈 기입장을

쓰나요?
써요.

2 이 글은 용돈을 관리하는 방법에 대해 이야기하고 있습니다. 따라서 이 글의 중심 낱말은 '용돈'입니다.

3 글쓴이는 용돈을 관리하는 방법을 세 가지로 설명하고 있습니다. 따라서 '용돈을 잘 관리합시다.'가 글쓴이가 가장 하고 싶은 말입니다.

4 셋째 부분에서 용돈을 관리하는 방법을 알 수 있습니다.
오답풀이 용돈을 받으면 계획을 세워 써야 하고, 용돈이 더 생길 경우엔 저금해야 합니다. 사고 싶은 것을 다 사거나(윤주), 용돈을 모두 저금하는 것(민서)은 용돈을 관리하는 올바른 방법이 아닙니다.

5 셋째 부분에서 진석에게 용돈을 받아 용돈이 더 생기면 저금을 하라고 했습니다.

용돈을 관리해요

용돈을 관리하는 방법을 알고, 잘 관리하도록 노력하자.

우리는 부모님으로부터 용돈을 받습니다. 정해진 용돈을 어떻게 하면 잘 쓸 수 있을까요? 용돈을 관리하는 방법을 알아봅시다. → 용돈을 관리하는 방법 소개

먼저 계획을 세워야 합니다. 계획 없이 마음 내키는 대로 물건을 사면 용돈이 떨어지기 마련입니다. 따라서 계획을 세워 나에게 필요한 물건이 무엇인지, 필요한 물건의 가격이 얼마인지 등을 꼼꼼히 따져 봐야 합니다. '용돈 기입장을 쓰는 것도 좋은 방법입니다. 용돈 기입장을 쓰면 용돈을 얼마 받았고, 용돈을 어디에 썼고, 용돈이 얼마나 남았는지 등을 한눈에 알 수 있습니다. 이로써 자신을 돌아보고 '씀씀이를 늘리거나 줄일 수 있습니다. 세부류

그리면 갑자기 필요한 물건이 늘어나 용돈이 부족할 때 도움이 됩니다. 지금부터 용돈을

이렇게 하면 용돈을 꼭 필요한 곳에 알맞게 쓸 수 있습니다. 용돈을 잘 관리하도록 노력합시다. → 용돈 관리의 중요성

숲에서 온 편지

숲이 소중한 까닭을 알고, 숲을 지키자.

본문

우리 친구들에게
반드시 사람
안녕하세요? 나는 숲에 사는 다람쥐 또미예요. 여러분에게 꼭 하고 싶은
말이 있어서 *간절한 마음을 담아 편지를 써요.] → 또미가 편지를 쓴 까닭
(2)숲에는 나를 비롯해서 많은 동물들이 살고 있어요.] 우리 동물들에게 숲은 ①
이 되어 주는 한편 먹을거리를 내줘요. 내가 좋아하는 도토리와 밤도 숲이
주는 선물이에요. 어디 그뿐인가요? 숲에는 나무가 많아서 깨끗한 공기를
많이 만들어 내요. 또 그늘을 마련해 주기도 하고 *홍수를 막아 주기도 하
지요.] → 숲이 소중한 까닭
숲이 소중한 까닭 ②
그런데 사람들이 전물과 도로를 지으려고 나무를 마구 베는 바람에 (3) 숲이
점점 사라지고 있어요. ⊙내가 사는 숲도 곧 없어질지 몰라요. 그래서 여러
분에게 숲이 얼마나 소중한지 알려 주고, 숲을 지켜 달라는 부탁을 하고 싶
었어요.] → 사라지고 있는 숲
또미가 친구들에게 부탁하는 말
여러분, 소중한 숲을 꼭 지키기로 약속해 주세요! 그럼 이만 쓸게요. }
글 전체의 중심 문장

2000년 5월 24일
(1)다람쥐 또미가
보내는 사람

→ 또미가 친구들에게 하는 당부

---

1 정답

다람쥐 또미	왜	어떻게	무엇을	했나요?
다람쥐 또미는	숲이 소중함을 알려 주기 위해서	간절한 마음을 담아	편지를	썼어요.

2 다람쥐 '또미'는 친구들에게 소중한 숲을 지켜 달라고 부탁하고 있습니
다.

3 ⊙에서 다람쥐 '또미'는 자신이 살고 있는 소중한 숲이 사라져 살 곳을
잃을까 봐 걱정하고 있습니다. 따라서 또미의 기분은 '조마조마하다'고
볼 수 있습니다.

4 초록색 부분에서 (1), (2), (3)의 내용을 확인할 수 있습니다.

5 정답

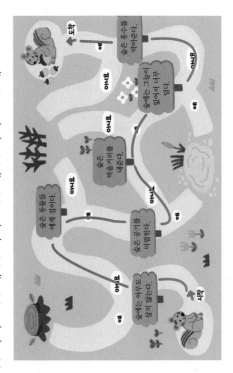

(1) 아니요 (2) 예 (3) 아니요 (4) 예 (5) 아니요 (6) 예

겨울잠을 자는 동물들

본문

겨울잠의 뜻과 동물들이 겨울잠을 자는 까닭

동물들은 추운 겨울을 어떻게 날까요? ① 어떤 동물들은 겨울이면 맞추이나 바위 밑에서 움직이지 않고 잠자듯 잠자코 겨울을 보냅니다. 이것을 '겨울잠'이라고 합니다. └→ 겨울잠의 뜻 ` 중심 낱말

④ 곰, 다람쥐, 너구리 등은 얕은 겨울잠을 잡니다. 보통 가을 동안에 먹이를 충분히 먹어 살찐 채은 뒤 겨울이 오면 따뜻한 맞추에서 잠을 잡니다. 움직임을 줄여 에너지를 적게 쓰기 위해서입니다. └→ 얕은 겨울잠을 자는 동물과 그 특징

개구리, 뱀, 도마뱀 등은 깊은 겨울잠을 잡니다. 이 동물들은 에너지를 적게 쓰기 위해서보다 얼어 죽지 않기 위해서 겨울잠을 잡니다. 왜냐하면, 바깥 온도에 따라 몸의 온도가 심하게 변하는 동물이기 때문입니다. 깊은 겨울잠을 자는 동안에는 심장이 느리게 뛰며 숨도 느리게 쉽니다. 거의 죽은 것처럼 보입니다. └→ 깊은 겨울잠을 자는 동물과 그 특징

② 어떤 동물들은 에너지를 절제 쓰기 위해 겨울잠을 자는 한편, 어떤 동물들은 은 몸의 온도를 지키려고 겨울잠을 자는 것입니다. └→ 동물들이 겨울잠을 자는 까닭

85쪽

1 겨울잠   2 심장
3 온도

86~88쪽

1 해설 참조   2 ③
4 ②   5 (1) 오른쪽 (2) 오른쪽
3 (1) 아니요 (2) 아니요 (3) 예
6 (생략)

정답

1

동물들은	왜	어떻게	무엇을	하나요?
동물들은	추운 겨울을 나기 위해서	먹이를 실컷 먹고	겨울잠을	잡니다.
동물들은			겨울잠을	잡니다.

2 둘째 부분에서 겨울잠의 뜻을 알 수 있고, 동물들이 겨울잠을 자는 까닭도 알 수 있으며, 얕은 겨울잠을 자는 동물도 알 수 있습니다. 그러나 이 글에서 '③ 겨울잠을 자지 않는 동물'은 알 수 없습니다.

3 (1) 곰, 다람쥐, 너구리, 개구리, 뱀, 도마뱀 등은 겨울잠을 자지만 모든 동물이 겨울잠을 자는 것은 아닙니다.
(2) 곰은 얕은 겨울잠을 자는 동물입니다.
(3) 뱀은 바깥의 온도에 따라 몸의 온도가 변하는 동물이어서 얼어 죽지 않기 위해 죽은 듯이 겨울잠을 잡니다.

4 얕은 겨울잠을 자는 동물은 '다람쥐'입니다.

<오답풀이> ①, ③, ④는 깊은 겨울잠을 자는 동물입니다.

5

(1)	(2)

3문단에서 깊은 겨울잠은 개구리나 뱀, 도마뱀처럼 바깥의 온도에 따라 몸의 온도가 변하는 동물들이 몸의 온도를 유지하기 위해 거의 죽은 듯이 자는 잠이라는 것을 알 수 있습니다.

칫솔은 이렇게 변해 왔어요

칫솔이 변해 온 모습

우리는 충치가 생기는 것을 막기 위해 칫솔로 이를 닦습니다. 그런데 칫솔이 없었던 옛날에는 어떻게 이를 닦았을까요? → 칫솔이 필요한 이유

(1) 아주 먼 옛날에는 나뭇가지로 이를 닦았습니다. 나뭇가지의 한쪽 끝을 질겅질겅 씹으면 붓처럼 갈라집니다. 이렇게 갈라진 나뭇가지를 칫솔처럼 사용한 것입니다. 600여 년 전, 중국에서 지금과 비슷한 모양의 칫솔이 만들어졌습니다. 동물의 뼈 조각에 털을 박은 것입니다. 하지만 너무 비싼 데다 털이 쉽게 빠져 널리 쓰이지는 않았습니다. 그러다가 70여 년 전, 부드러운 나일론으로 *발명되어 이를 이용한 칫솔이 만들어졌습니다. → 칫솔이 변해 온 모습 ②

(2) 이렇게 칫솔은 그 모양과 재료가 조금씩 바뀌며 발전해 왔습니다. 최근에는 전기를 이용한 진동 칫솔도 사용할 수 있게 되었습니다. 미래의 칫솔은 어떤 모습일지 기대가 큽니다. → 현재의 칫솔과 미래의 칫솔에 대한 기대감

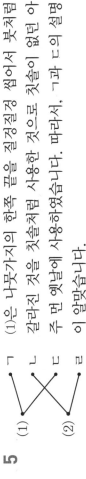

89쪽

1 칫솔   2 충치
3 발명

91~92쪽

1 해설 참조   2 ②   3 ③
(3) 예   5 (1) ㄱ, ㄷ (2) ㄴ, ㄹ
4 (1) 아니요 (2) 예
6 (생략)

1 [정답]

우리는	왜	어떻게	무엇을	닦나요?
우리는	충치가 생기는 것을 막기 위해	깨끗이	이를	닦아요.

2 이 글은 칫솔이 변해 온 모습에 대해 쓴 글이므로 중심 낱말은 '칫솔'입니다.

3 2문단에서 옛날의 칫솔의 모습을, 3문단에서 현재의 칫솔의 모습까지 알 수 있습니다. 그러므로 '칫솔이 변해 온 모습'이 이 글의 가장 중심이 되는 내용입니다.

4 조릿대 부분에서 (1), (2), (3)의 내용을 알 수 있습니다. 칫솔이 없었던 옛날에도 나뭇가지로 이를 닦은 것을 알 수 있으므로 (1)은 틀린 내용입니다.

5
```
ㄱ
ㄴ       (1)
ㄷ
ㄹ       (2)
```

(1)은 나뭇가지의 한쪽 끝을 질겅질겅 씹어서 붓처럼 갈라진 것을 칫솔처럼 사용한 것으로 칫솔이 없던 아주 먼 옛날에 사용하였습니다. 따라서, ㄱ과 ㄷ의 설명이 알맞습니다.

(2)는 전기를 이용하여 사용할 수 있는 전동 칫솔에 대한 설명입니다. 따라서, ㄴ과 ㄹ의 설명이 알맞습니다.

93쪽   독해력으로 명탐정 되기!   정답 ③

독해 기술 21회 시간 순서대로 글 읽기

따라서 풀어보기 96쪽

01 내 키는 올해 봄에 120센티미터였어요. ― (1)
올해 가을에 키를 재어 보니 125센티미터가 되었어요. ― (2)

02 이번 주에 화분에서 새싹이 났어. ― (2)
지난주에 화분에 꽃씨를 심었거든! ― (1)

03 어제 이가 많이 아팠어. ― (1)
오늘 치과에 다녀왔어. ― (2)

04 내년에 나는 9살이에요. ― (2)
작년에 나는 7살이었어요. ― (1)

신나게 연습하기 97쪽

01 작년까지 나는 유치원에 다녔어요. ― (1)
올해에 나는 초등학교에 다녀요. ― (2)

02 오전 8시에 가족들과 아침식사를 해요. ― (1)
오후 6시에 가족들과 저녁식사를 해요. ― (2)

03 오늘 만든 모래성은 허물어지지 않고 튼튼해요. ― (2)
어제 만든 모래성은 힘이 없어서 바로 쓰러졌어요. ― (1)

04 시우는 지난주에 줄넘기를 20개까지 이어서 했어요. ― (1)
시우는 이번 주에 줄넘기를 30개까지 이어서 했어요. ― (2)

05 하음이는 작년까지 보조 바퀴를 단 두발자전거를 탔어요. ― (1)
하음이는 올해부터 보조 바퀴를 뗀 두발자전거를 타요. ― (2)

06 옛날 사람들은 걸어 다니거나 말을 타고 먼 곳을 다녔대요. ― (1)
오늘날 사람들은 자동차나 기차를 타고 먼 곳을 다녀요. ― (2)

쓰기로 완성하기 98쪽

01 지난달에는 동생이 엉금엉금 기어 다녔어요.
이번 달에는 동생이 아장아장 걸어 다녀요.

02 형은 작년에 고등학생이었어요.
형은 올해에 대학생이 되었어요.

03 오전 9시에 학교에 갑니다.
오후 5시에 집에 돌아옵니다.

04 어제는 크리스마스이브였어요.
오늘은 크리스마스예요.

독해력 자신감 22 정답과 해설

독해 적용 22회

지렁이_ 김개미

- 채재: 지렁이
- 주제: 지렁이가 지나가는 모습
- 특징: 지렁이는 다리가 없기 때문에 발자국이 남지 않지만, 지은이는 지렁이가 지나간 흔적을 '발자국'으로 표현하고 있다. 또한, 천천히 움직이는 지렁이의 모습을 '가도'를 반복하여 표현하고 있다.

지렁이
중심 낱말

아침 먹고 가도
점심 먹고 가도
숨이 차게 가도
하루 종일 가도
발자국은 하나

김개미

99쪽

1 지렁이   2 숨
3 발자국

101~102쪽

1 ①/②   2 ④   3 ②   4 ③
5 ②   6 (생략)

1 시간을 나타내는 말은 '아침'과 '점심'입니다. '아침'이 먼저이고 '점심'이 나중이므로 '아침 먹고 가도'가 ①, '점심 먹고 가도'가 ②입니다.

2 '발자국'이라는 낱말을 보아 알 수 있듯이 지은이는 지렁이의 '지나간 흔적'을 보고 시를 썼습니다.

3 초록색 부분에서 알 수 있듯이 이 시에서 반복되는 낱말은 '가도'입니다. 천천히 움직이는 지렁이의 모습을 '가도'를 반복하여 표현하고 있습니다.

4 지나간 흔적이 '발자국 하나'로 남는 동물은 지렁이처럼 다리가 없고 천천히 기어 다니는 '달팽이'입니다.

5 「지렁이」와 「꾸물꾸물 꼬물꼬물」은 '지렁이'를 글감으로 한 시입니다. 「지렁이」가 지렁이가 지나가는 모습을 관찰하고 쓴 시라면, 「꾸물꾸물 꼬물꼬물」은 날씨와 지렁이를 연관시켜 쓴 시입니다.
오답풀이 두 시 「지렁이」와 「꾸물꾸물 꼬물꼬물」은 ① 시의 제목이 다르고, ③ 시를 쓴 사람도 다릅니다.
④ 날씨를 관찰하고 쓴 시는 「꾸물꾸물 꼬물꼬물」입니다.

콩콩콩콩 사방치기

사방치기 놀이하는 방법

민슬이에게

민슬아, 방학 잘 보내고 있니? 나는 할머니 댁에 놀러 왔어. 어제는 혼자 있어서 많이 심심했는데, 오늘은 사촌 형한테 사방치기 놀이를 배웠어. 너에게도 알려 줄 테니 한번 해 봐.
(중심 낱말)
→ 유성이가 민슬이에게 편지를 쓴 까닭

① 먼저 땅에 여덟 개의 칸을 그리고 순서대로 숫자를 써넣어. 그리고 돌멩이를 준비한 다음 가위바위보로 차례를 정해.

② 자기 차례가 되면 돌멩이를 숫자 칸에 던져서 첫 칸부터 마지막 칸까지 갔다가 돌아오면 돼. 이때 돌멩이가 있는 칸에는 발을 디디면 안 돼. 그리고 돌아올 때는 돌멩이를 주워서 돌아와야 해.

③ 1단을 할 차례라면 1번 칸에 돌을 던져 넣어. 그리고 2번 칸부터 시작해서 한 발 또는 두 발을 디디며 나아가. 2번 칸은 *깨금발로, 3번 칸과 4번, 5번 칸은 동시에 두 발로, 6번 칸은 깨금발로, 7번과 8번 칸은 동시에 두 발로 디디는 거야. 돌아올 때는 반대의 순서로 나오면 돼. 이렇게 1단부터 8단까지, 모두 성공한 사람이 이기는 거야.

④ 참! 돌멩이가 칸 밖으로 나가거나, 돌멩이를 못 주워 오거나, 또는 발로 금을 밟으면 다음 사람에게 기회가 넘어가. → 사방치기 놀이하는 방법

방학 동안 연습 많이 해서 개학하면 우리 같이 사방치기 하면서 놀자. 그럼 건강한 모습으로 만나. → 끝인사

20○○년 8월 3일
유성이가

103쪽

1 깨금발 2 돌멩이
3 금

105~106쪽

1 ②/① 2 ④ 3 ② 4 하운
5 ㄷ→ㄱ→ㄴ→ㄹ 6 (생략)

1 시간을 나타내는 말은 '오늘'과 '어제'입니다. '어제'가 먼저이고 '오늘'이 나중이므로 '오늘은 사촌 형한테 사방치기를 배웠어.'가 ②, '어제는 혼자 있어서 많이 심심했어.'가 ①입니다.

2 이 글은 유성이가 민슬이에게 사방치기 놀이 방법을 알려 주기 위해 쓴 편지이므로, 이 편지의 중심 낱말은 '사방치기'입니다.

3 편지의 첫 부분에서 유성이가 할머니 댁에 놀러가 있는 것을 알 수 있습니다.

오답풀이 ① 이 편지는 유성이가 8월에 쓴 편지입니다.
③ 이 편지는 유성이가 민슬이에게 쓴 편지입니다.
④ 사방치기는 유성이가 사촌 형에게 오늘 배운 놀이로 민슬이와 유성이는 같이 사방치기를 한 적이 없습니다.

4 사방치기는 8단까지 모두 성공하면 이기는 놀이입니다.(하운)

오답풀이 사방치기는 깨금발과 양발을 모두 사용합니다.(라온) 돌멩이를 옳지 못하면 다음 사람에게 기회가 넘어갑니다.(유찬)

5 2문단에서 사방치기 놀이의 순서를 알 수 있습니다.

발명가, 헤디 라마

107쪽

1 발명가　2 무선
3 휴대 전화

109~110쪽

1 ①/②	2 ②, ③	3 무선 통신
4 ③	5 우주	6 (생략)

주파수 도약 기술을 발명한 헤디 라마

1 시간을 나타내는 말은 '옛날'과 '오늘날'입니다. '옛날'이 먼저이고 '오늘날'이 나중이므로 '옛날'에는 주파수 도약 기술이 사용되지 못하였다.'가 ①, '오늘날에는 와이파이, 블루투스 등에 주파수 도약 기술이 사용되고 있다.'가 ②입니다.

2 1문단에서 헤디 라마의 직업이 '배우'와 '발명가'인 것을 알 수 있습니다.

3 전깃줄 없이 전파로 정보를 주고받는 것은 '무선 통신'입니다.

4 초록색 부분에서 ①~④의 내용을 알 수 있습니다. 이 기술은 적이 쉽게 알아차리기 어렵도록 만드는 기술이므로 ③은 틀린 설명입니다.

5 '헤디 라마'는 제2차 세계 대전에 참전한 군인이 아닙니다. (유수)
1문단에서 '헤디 라마'가 배우이자 발명가로 활동한 것을 알 수 있습니다. (민서)
3문단에서 '헤디 라마'가 '무선 통신의 어머니'라고 불린다는 것을 알 수 있습니다. (지호)

주파수 도약 기술을 발명한 헤디 라마

'헤디 라마'는 두 가지 삶을 살았습니다. 낮에는 배우, 밤에는 과학 기술을 연구하는 발명가였습니다. 오늘날 없어서 안 되는 여러 '무선 통신 기술'은 헤디 라마로부터 발전했습니다. } → 헤디 라마에 대한 소개

(무선 통신 기술 → 중심 낱말)

제2차 세계 대전이 일어났을 때의 일입니다. 독일군은 연합군의 통신을 엿듣고 연합군의 작전을 알아냈습니다. 그때 헤디 라마에게 좋은 생각이 떠올랐습니다. ②통신할 때 쓰는 '주파수를 끊임없이 바꿔서 ③적이 알아차리기 어렵게 만드는 것입니다.'①헤디 라마는 이 생각을 바탕으로 '주파수 도약 기술'을 발명했습니다. } → '주파수 도약 기술'을 발명한 헤디 라마

하지만 아쉽게도 그 당시에는 ①이 기술이 널리 쓰이지 못했습니다. 그러나 ④오늘날 이 기술은 휴대 전화, 와이파이 등에서 중요한 역할을 하고 있습니다. 이러한 까닭으로 헤디 라마는 '무선 통신의 어머니'라고 불리기도 합니다. }

→ '주파수 도약 기술'은 오늘날 와이파이, 블루투스 등의 무선 기술에서 중요한 역할을 함.

조물조물 흙으로 빚어요

갈래

111쪽
1 흙 2 그릇
3 그늘

113~114쪽
1 (2)① 2③ 3①,③ 4(1)예 (2)아니요
(3)아니요 5④ 6(생략)

흙으로 그릇을 만드는 과정

(1) [지난주에 우리 가족은 도자기 축제에 다녀왔어요. 아빠가 그러시는데, 옛날 사람들은 흙으로 그릇을 만들어서 사용했대요.] 흙을 빚어 그릇을 만든다니 정말 신기해요. → 가족과 도자기 축제에 감.

[도자기 축제]에서 우리는 그릇을 만들어 보는 체험을 했어요. 먼저 흙을 주물러 흙덩어리를 만들었어요. (2) 나는 흙덩어리를 만들었어요. 동생은 흙덩어리를 손으로 죽죽 눌러서 납작한 모양을 만들었어요. 그다음에는 붓에 물감을 묻혀서 색도 칠하고 그림도 그렸어요. 이 흙으로 만든 그릇을 그늘에서 천천히 말리면 돼요. 햇볕에서 말리는 그릇을 마지막으로 구워 내면 도자기가 완성돼요. (3) 그릇을 말리고 굽는 데는 시간이 오래 걸려서 완성된 그릇을 나중에 택배로 받기로 했어요.

[내가 *조물조물 흙이 어떤 그릇이 되어 나올지 무척 기대돼요. 처음에 흙을 만질 때는 말랑말랑하고 축축하고 차가웠거든요. 그런데 그릇은 단단하고 반가를 담을 수 있잖아요. 내 그릇에 무엇을 담을지 미리 생각해 봐야겠어요.] → 완성된 그릇에 대한 기대

↑ 도자기 축제장에서 그릇을 흙으로 만드는 체험을 함.

1 문장에서 시간을 나타내는 말은 '마지막'과 '먼저'입니다. '먼저'는 '마지막'에 앞서기 때문에 '마지막으로 그릇을 가마에 넣고 구워 내요.'가 ②, '먼저 흙으로 그릇 모양을 만들어요.'가 ①입니다.

2 이 글은 '흙으로 그릇을 만드는 과정'을 자세하게 보여 주고 있습니다.

3 1문단 '흙을 빚어 그릇을 만든다니 정말 신기해요.'에서 글쓴이가 흙으로 그릇을 만드는 것을 알고 신기해함을 알 수 있습니다.
3문단 '내가 조물조물 흙이 어떤 그릇이 되어 나올지 무척 기대돼요.'에서 글쓴이가 조물조물 흙이 어떤 그릇이 되어 나올지 무척 기대하고 있음을 알 수 있습니다.
따라서 이 글에서 알 수 있는 글쓴이의 기분은 '신기하다', '기대된다'입니다.

4 호독체 부분에서 (1), (2), (3)의 내용을 확인할 수 있습니다. (2) 나는 길쭉한 그릇을 만들었고, 그릇을 말리고 굽는 데 시간이 많이 걸려서 (3) 완성된 그릇을 나중에 택배로 받기로 했음을 알 수 있습니다.

5 2문단에서 그릇을 햇볕에서 말리면 그릇이 갈라질 수도 있다고 했습니다. 따라서 화연이가 그릇을 그늘에서 말려야 하는 까닭을 가장 잘 설명하였습니다.

독해력으로 명탐정 되기! 정답 〉 위에서부터 ②-③-①

독해 기술 26회 가리키는 대상 알기

따라서 풀어보기 118쪽

01	지아는 화분을 샀어요. 그리고 매일 그것에 물을 주어요.
02	지아는 식물을 좋아해요. 그곳에 가면, 싱그러운 나무 향기를 맡을 수 있지요.
03	"지우야, 이쁘게 인사드리렴. 아빠 출근하고 때 전화번호이시란다."
04	"지우야, 엄마에게 휴대 전화 좀 가져다주겠니? 그것은 식탁 위에 있어."

신나게 연습하기 119쪽

01	윤주는 팽북이가 먹고 싶어요. 그래서 아빠에게 그것을 만들어 달라고 했어요.
02	재환이는 형 방에서 몰래 게 축구공을 꺼내요. 친구들에게 그것을 자랑하고 싶어서요.
03	혁이는 로봇 장난감이 정말 갖고 싶어요. 그래서 그것을 사기 위해 부모님과 약속한 한 일을 열심히 하고 있어요.
04	서연이는 「대 동생 짜게 꿀이요.」를 신나게 읽고 있어요. 서연이도 그 이야기에 나오는 동생이랑 비슷한 동생이 있거든요.
05	"언니, 이 봄 표한 빈만 빌려주면 안 돼? 그거랑 내 옷이랑 정말 잘 어울릴 것 같아서. 응?"
06	"나리야, 내일 우리 집에서 생일잔치하는 데 올래하고 싶어. 학교 정문 느티나무에서 12시에 만나자. 내일 거기로 와. 꼭이야!"

쓰기로 완성하기 120쪽

01	"그림을 다 완성했나요? 그것을 바구니에 넣어 주세요."
02	"엄마, 조방에서 거지를 빼면 안 될까요? 그것은 너무 매워요."
03	"저랑 동생이랑 똑같이 잘못해도 왜 제가 더 꾸중을 들어야 하나요? 제가 먼저 저를 놀리고 괴롭히는데요. 억울해요."
04	"여러분, 운동장에서 놀지 말고 놀이터에서 놀아요. 거기는 너무 그늘이 있어서 시원해요."

궁금해! 교통안전 표지판

교통안전 표지판이 뜻과 교통안전 표지판에 담긴 내용

교통안전 표지판은 자동차와 사람이 안전하게 다닐 수 있도록 *규칙을 알려 줍니다. 이것을 살펴서 규칙을 미리 알고 조심하면 교통사고를 막을 수 있지요. 몇 가지 교통안전 표지판을 살펴볼까요? } → 교통안전 표지판의 뜻

파란색 바탕에 횡단보도를 건너는 사람이 그려져 있습니다. (1)이 표지판은 횡단보도를 이용해 길을 건너라는 표지입니다. } → 교통안전 표지판의 내용

빨간색 테두리 안에 삽질하는 사람이 그려져 있습니다. 주변에서 공사하고 있어서 위험하니 조심하라는 표지입니다.

걸어가는 사람 위로 빨간색 선이 그어져 있습니다.(2) 걸어 다니면 안 되는 표지입니다. 이런 표지판이 있는 길에서 걸어 다니면 위험합니다. } → 교통안전 표지판의 내용

이렇게 교통안전 표지판은 그림을 이용해 내용을 한눈에 보여 줍니다. 특히 교통안전 표지판의 빨간색은 위험을 알리고 무언가를 막는 표지이니 더욱 신경 써야 합니다. 앞으로 길을 다닐 때는 교통안전 표지판을 자세히 살펴보길 바랍니다. } → 교통안전 표지판을 잘 살펴볼 것을 당부

121쪽	123~124쪽
1 교통안전 표지판	1 해설 참조　　2 ④　　3 빨간
2 횡단보도　3 교통사고	4 (1) ㄴ (2) ㄱ　5 ③　6 (생략)

정답

1　교통안전 표지판은 자동차와 사람이 안전하게 다닐 수 있도록 규칙을 알려 줍니다. 이것을 살펴서 규칙을 미리 알고 조심하면 교통사고를 막을 수 있지요.

2　이 글은 교통안전 표지판에 대해 설명한 글로, 교통안전 표지판의 그림과 색에 담긴 내용을 알려 주고 있습니다. 따라서 이 글의 중심 낱말은 '교통안전 표지판'입니다.

3　마지막 문단에서 '교통안전 표지판의 빨간색은 위험을 알리고 무언가를 막는 표시이니 더욱 신경 써야 한다.'고 했습니다. 따라서 교통안전 표지판에서 '위험을 알리고 무언가를 막는 표시'는 '빨간색'으로 나타냅니다.

4　(1) ㄴ　(2) ㄱ
줄글의 부분에서 각 설명에 알맞은 교통안전 표지판을 알 수 있습니다.

5　횡단보도를 이용해 길을 건너라고 알려 주는 ③ 교통안전 표지판은 자전거가 길을 건널 수 있다 장소에 어울립니다. ④ 교통안전 표지판은 이는 표시입니다.

안녕? 태극기

우리나라의 국가인 태극기에 담긴 의미

[나라마다 나라를 나타내는 ✦국가가 있습니다.(1) 우리나라의 국가는 태극기 입니다.] →우리나라의 국가

태극기는 하얀색 바탕 위에 검은색 줄들과 (3)빨간색과 파란색이 어우러진 [✦모양으로 이루어져 있습니다. 여기에는 여러 가지 의미가 담겨 있습니다. 먼저 하얀색 바탕은 ✦평화를 사랑하는 우리나라 사람들의 마음을 의미합니다. (2)다음으로 네 모서리의 검은색 줄들은 '건곤감리'라고 합니다. '건'은 하늘, '곤'은 땅, '이(리)'는 불을 의미합니다. 건곤감리는 빨간색과 파란색 줄들이 어우러진 태극 무늬를 감싸고 있습니다. 마지막으로 빨간색과 파란색이 어우러진 태극 무늬가 있습니다. 이 무늬는 우주가 조화롭게 잘 어우러진 모습을 의미합니다.] →태극기의 색과 무늬에 담긴 뜻

[이렇게 태극기에는 세상 모든 것들이 서로 어울려 평화롭게 나라가 되기를 바라는 마음이 담겨 있습니다.] →태극기의 의미

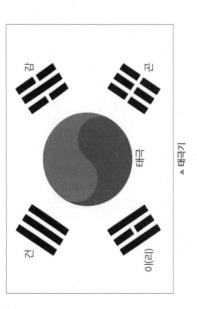

▲ 태극기

건 · 감 · 이(리) · 곤 · 태극

125쪽
1 태극기 2 국가
3 무늬

127~128쪽
1 해설 참조	2 ②	3 ①
(3) 아니요	5 해설 참조	4 (1) 예 (2) 예
		6 (생략)

정답

1 빨간색과 파란색의 태극 무늬가 있습니다. 이 무늬는 우주가 조화롭 게 잘 어우러진 모습을 의미합니다.

2 이 글은 태극기에 담긴 의미를 설명하고 있습니다. 따라서 이 글의 중 심 낱말은 '태극기'입니다.
오답풀이 ① 국가 중에서도 태극기에 대해 쓴 글입니다. ③ 건곤감리 는 태극기의 한 부분으로 설명하고 있습니다. ④ 우리나라에 대해 쓴 글이기보다는 우리나라의 국가인 태극기에 대해 쓴 글입니다.

3 1문단에서 우리나라의 국가인 태극기를 소개했고, 2문단에서 태극기의 색과 무늬에 담긴 의미를 설명했으며, 3문단에서 태극기의 의미를 정 리했습니다. 따라서, '태극기에 담긴 뜻'이 이 글의 중심 내용입니다.
오답풀이 ②, ③, ④는 이 글에서 알 수 없습니다.

4 초록색 부분에서 (1), (2), (3)의 내용을 확인할 수 있습니다. 태극 무늬는 빨간색과 파란색으로 이루어져 있습니다.

5 2문단에서 태극기에 하얀색(바탕), 검은색(건곤 감리), 빨간색, 파란색(태극 무늬)이 쓰인 것을 알 수 있습니다.

무지개는 어떻게 생길까요?

무지개가 생기는 원리

비가 그친 뒤 하늘에 무지개가 나타납니다. 일곱 색깔 무지개는 매우 아름답습니다. 이 무지개는 어떻게 생길까요?

무지개가 생기는 까닭을 알기 위해서는 '빛'에 대해 알아야 합니다. 공기 중에서 앞으로 나아가던 빛은 물이나 유리를 지나면서 방향이 꺾입니다. 이것을 '빛의 굴절'이라고 합니다. 빛의 굴절을 일으키는 과학 도구로는 '프리즘'이 있습니다.

햇빛을 프리즘에 비추면 어떻게 될까요? ① 햇빛이 프리즘을 지나면서 빛의 방향이 꺾이면서 ② 여러 가지 색깔의 빛으로 나뉘어 펼쳐집니다. 우리 눈에 보이진 않지만, ③ 햇빛은 여러 가지 색깔의 빛으로 이루어졌기 때문입니다. ④ 빛들은 꺾이는 정도가 달라서 가장 적게 꺾이는 빨간색부터 주황색, 노란색, 초록색, 파란색, 남색, 그리고 가장 많이 꺾이는 보라색 순서로 우리 눈에 보입니다.

이와 같은 원리로 무지개가 생깁니다. 비가 그친 뒤 하늘에는 물방울이 많습니다. 이 물방울이 프리즘의 역할을 합니다. 햇빛이 물방울을 지나면서 빛이 굴절되어 무지개가 나타나는 것입니다.

또 비가 그친 뒤가 아니어도 물방울이 많은 곳에서도 무지개를 볼 수 있습니다. 예를 들어 물이 콸콸 쏟아져 내리는 폭포에서도 무지개를 볼 수 있습니다. 무지개가 생기는 방법을 알고 무지개를 본다면 더욱 아름답게 볼 수 있겠죠?

▲ 프리즘에 비춘 햇빛

정답과 해설

129쪽

1 무지개	2 물방울
3 물방울	

131~132쪽

1 해설 참조	2 ③	3 ②
5 ③	6 (생략)	4 (1) 보라 (2) 빨간

정답

【예】 일곱 색깔 무지개는 매우 아름답습니다. 이 무지개는 어떻게 생길까요?

1 이 글은 무지개가 생기는 원리에 대해 설명하고 있습니다. 따라서 이 글의 중심 낱말은 '무지개'입니다.

2 이 글은 무지개가 생기는 원리에 대해 설명하고 있습니다. 따라서 이 글의 중심 낱말은 '무지개'입니다.

오답풀이 ①, ②, ④는 무지개가 생기는 까닭을 설명하기 위해 쓰인 낱말입니다.

3 ㉮에 '햇빛이 프리즘을 지나면 햇빛은 굴절되어 여러 가지 색의 빛으로 나뉘어 펼쳐진다.'고 설명되어 있습니다.

오답풀이 초록색 부분에서 확인할 수 있습니다.
① 햇빛은 프리즘을 지나면서 빛의 방향이 꺾입니다.
③ 햇빛은 여러 가지 색으로 이루어져 있습니다.
④ 프리즘에 햇빛을 비추면 보라색이 가장 많이 꺾입니다.

4 ㉮의 마지막 부분에서 프리즘에 햇빛을 비추면 보라색이 가장 많이 꺾이고 빨간색이 가장 적게 꺾임을 알 수 있습니다.

5 무지개는 물방울이 프리즘의 역할을 하면서 생깁니다. 따라서, 윤아가 바르게 이해했습니다.

오답풀이 ① 프리즘은 굴절을 일으키는 도구이므로 상아의 말은 바르지 않습니다.
② 햇빛은 여러 가지 색의 빛으로 이루어져 있으므로 상현이의 말은 바르지 않습니다.
④ 물방울이 많은 폭포에서도 무지개를 볼 수 있으므로 윤혁이의 말은 바르지 않습니다.

독해 적용 30회

꽃밭으로 내려간 여우 하린
_ 존 버닝햄

엄마 아빠 여우의 말을 듣지 않고 꽃밭으로 내려간 여우 '하린'의 이야기

갈래> 동화

이 이야기는 여우 하린의 이야기예요.

하린은 식구들과 같이 어느 산꼭대기에서 *평화롭게 살고 있었어요. 이마

금 땅 주인과 *사냥터지기가 여우 사냥을 하러 왔지만, 거기에 하린네 식구들이 살고 있는 곰에도 물랐죠. ┐ → 식구들과 산꼭대기에서 살고 있는 여우 하린

엄마 아빠는 어린 여우들에게 곰잘 일렀어요.

"애들아, 산 위에서만 놀고 꽃밭으로는 절대로 내려가지 마. 어린 여우들에게 꽃밭에 사냥꾼들이 보고 좋아오면, 다들 위험해질 테니까." ┘ → 내려가지 말라고 말하는 엄마 아빠 여우

하지만 하린은 산 위에서만 노니까 심심했어요.

그래서 하린은 모두가 잠든 밤에 몰래 꽃밭으로 내려가곤 했죠. 꽃밭에는 재미있는 게 많았어요.

하린은 곰잘 꽃밭에서 꽃향을 맡았어요. ┐ → 밤에 몰래 꽃밭으로 내려간 하린

─ 존 버닝햄/안민희 옮김, '하린: 꽃밭으로 내려간 여우,

---

1 여우	2 사냥
3 꽃밭기	

1 해설 참조	2 (1) ㄷ (2) ㄱ (3) ㄹ (4) ㄴ
3 ②	4 ②	5 ④
6 (생략)	

정답

1
엄마, 아빠는 <u>어린 여우들</u>에게 곰잘 일렀어요.
"애들아, 산 위에서만 놀고 꽃밭으로는 절대로 내려가지 마."

2
(1) ㄱ
(2) ㄴ
(3) ㄷ
(4) ㄹ

(교차 연결선)

3
<u>둘째 셋</u> 부분에서, 엄마, 아빠 여우가 어린 여우들에게 '사냥꾼이 좋아오면 다들 위험해지기 때문에' 꽃밭에는 절대로 내려가지 말라고 말하고 있습니다.

4
하린은 산꼭대기에서 가족들과 평화롭게 살고 있었습니다. 하지만 하린은 산 위에서만 노니까 심심해서, 밤에 몰래 꽃밭으로 내려갔습니다. 꽃밭에는 재미있는 것이 많았는데, 하린은 곰잘 꽃밭에서 꽃향기를 맡았습니다.
그러므로 ② '산 위에서만 놀아도 재미있었다.'는 하린의 행동으로 알맞지 않습니다.

5
글에서 하린은 모두가 잠든 밤에 몰래 꽃밭으로 내려갔음을 알 수 있습니다. 따라서 은우가 이야기의 내용을 잘 이해하지 못했습니다.

독해력 자신감 **31** 정답과 해설

"독해력 인데(讀解力)란 한자 뜻풀이대로 하면, '읽을 독(讀), 풀 해(解), 힘 력(力)', 즉 글을 읽어서 뜻을 이해하는 힘을 뜻해요. 단순하게 글자나 문장을 보는 것이 아니라, 그 속에 담긴 의미까지 파악해 내는 힘이 독해력이라고 할 수 있습니다."

초등 풍산자로 개념을 적용하고 응용하여
연산, 유형, 서술형을 풀면 실력이 탄탄해집니다

처음 배우는 수학을 쉽게 접근하는 초등 풍산자 로드맵

연산
집중훈련서

교과
유형학습서

서술형
집중연습서

연산
반복훈련서

▶ 풍산자 개념X연산   ▶ 풍산자 개념X유형   ▶ 풍산자 개념X서술형   ▶ 풍산자 연산

초등 풍산자 교재	하	중하	중	상
연산 집중훈련서 **풍산자 개념X연산**	개념 적용 연산 학습, 기초 실력 완성			
교과 유형학습서 **풍산자 개념X유형**		개념 응용 유형 학습, 기본 실력 완성		
서술형 집중연습서 **풍산자 개념X서술형**		개념 활용 서술형 연습, 문제 해결력 완성		
연산 반복훈련서 **풍산자 연산**	연산만 집중적으로 반복 학습			

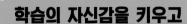

지학사 초등 국어
자신감 시리즈

공부의 기초 체력을 높이는

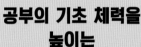

어휘력 자신감

하루 15분 즐거운 공부 습관

• 속담, 관용어, 한자 성어, 교과 어휘, 한자 어휘 가 담긴 재미있는 글을 통한 어휘·어법 공부

• 교과서 속 개념 용어를 재미있게 익히는 초등 교과 연계

• 맞춤법, 띄어쓰기 등 기초 어법 학습 완벽 수록

• 지문 듣기, 받아쓰기, 온라인 낱말 게임 제공

독해력 자신감

긴 글은 빠르게! 어려운 글은 쉽게!

• 문학, 독서를 아우르는 흥미로운 주제를 통한 재미있는 독해 연습

• 주요 과목과 예체능 과목의 교과 지식을 통한 전 과목 학습

• 빠르고 쉽게 글을 읽을 수 있는 6개 독해 기술 을 통한 독해 비법 전수